一歩先の
英文ライティング

田邉祐司
Yuji Tanabe

研究社

Copyright © 2015 by Yuji Tanabe

一歩先の英文ライティング

A Guide to Better English Writing

PRINTED IN JAPAN

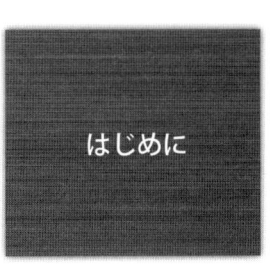

はじめに

　英文ライティング力を磨くには、まずは英語表現をかたまりごと収集し（input）、そのあとそれを「借り」て、使ってみる（output）ことが基本になる。著者はこの考え方にしたがい、あらゆる機会をとらえて英語表現の収集を続け、メモ、カード類に記して残しつつ、実際に使ってみることを繰り返してきた。集めた表現のうち、ニュース記事にその素材を求めたものは、『朝日ウイークリー（*Asashi Weekly*）』（朝日新聞社）の「ニュースの森を歩く：Wordsmith's workshop」と題する連載で発表する機会に恵まれた（2011年4月〜2015年3月）。本書は連載の中から50の表現を厳選し、その内容を大幅に改めたものである。

　英文ライティングの学習をはじめた者がその過程で気づくことがある。それは、名詞、動詞、形容詞などの基本語句の「多義性」（polyseme）と、「動詞＋副詞」「動詞＋前置詞」「動詞＋副詞＋前置詞」の3つの型から成る「句動詞」(phrasal verb)の多様な「働き」である。

　本書でも繰り返し述べることになるが、英語では、同じ表現が状況によって異なる意味で用いられることがある。たとえば、動詞collectを考えてみよう。collectと言えば、ほとんどの日本人英語学習者は「〜を集める、収集する」の意味を思い浮かべるだろう。しかし、状況によっては「〜を手に入れる、勝ち取る」という意味でも使われ、The tennis player *collected* his fourth consecutive win in the tournament.（そのテニス選手は大会4連覇をはたした）

というような言い方をする（6 ページ参照）。

そして句動詞表現となると、さらに状況によって様々な意味で使われる。look to という句動詞を考えてみよう。これは動詞 look から、「〜のほうへ視線を向ける、〜のほうを見る」という意味であろうことは想像できる。しかし、以下の例文の意味を瞬間的に理解できるだろうか？

> The hotel *looked to* the south.
> The executives *look to* increase in sales once the economy improves.

これについては 77-78 ページの説明を見ていただきたいが、look to などの句動詞表現は基本的な意味から派生して、いろいろな意味で用いられるのである。

このように、「同じ表現であるにもかかわらず、状況によって異なる意味になる」ため、日本人の英語学習者のみならずプロの英日翻訳者および通訳者は、大いに悩まされることになる。

日本人英語学習者は、早い段階でこうした英語表現の特色と働きに習熟しておくべきであるが、なかなかそうはいかないようだ。これには現在の入試が大きな影響をおよぼしていると思われる。「効率」を求めるあまり、多義語が持つその表現の幅や句動詞の活力を知ることもなく、難解な語彙（big word）の暗記と読解に明け暮れがちなのである。その結果、いざ自分の意見や考えを文にして示す必要が生じても、文法・語彙的には正しいが、どこか違和感のある英文を書いてしまうことになる。もう一歩が足りないのである。

一方で英語母語話者は、こうした多義表現を存分に使いこなし、小憎らしいほどリズムのある、実に生き生きした英文を産出する。

われわれ日本人も基本的な英語表現が状況によって様々な意味で使われることを理解し（input）、それをまさしく状況に応じて効果的に使う（output）ことはできないだろうか？

　以上の思いから、英文ライティング力の次なる一歩への足掛かりになることを願い、本書を刊行することにした。「ライティング」と銘打っているものの、ライティングの教本然としたものを目標にしたわけではなく、output 全般の能力の向上に役立つ、生き生きとした英語表現をライティングを通じて習熟してもらいたいというのが本書のねらいである。

　各セクションの終わりに「一歩先の英文ライティング！」のコーナーを設け、それぞれ5問ずつ和文英訳問題を用意した。取り上げた表現の解説を参考にして実際に自分で訳文を作り、解答例と比べてみてほしい。

　読者のみなさんが本書で紹介した表現を手紙やEメール、ビジネス文書などで使いこなし、「一歩先の英文」を書きあげる能力を身につけられるようなことがあれば、著者としてこれほどうれしいことはない。

2015年6月

田邉 祐司

目 次

はじめに ... iii

本書の使い方 ... ix

1 「賞」と「損害賠償」の関係 ➡ award ... 2

2 集めるだけじゃない ➡ collect ... 5

3 気持ちや意図がわかる ➡ come from ... 8

4 人間がお金に向かっていく ➡ come into ... 11

5 システムに不正侵入する ➡ compromise ... 14

6 何かをしぶしぶ出す ➡ cough up ... 18

7 使い方にとまどう ➡ descend on ... 22

8 「刃（先）」「縁、端」から発展した ➡ edge ... 26

9 動詞としても使われる ➡ empty ... 29

10 顔ははずさない ➡ face off ... 32

11 無生物主語構文で用いられる ➡ fail ... 35

12 〜をかわす ➡ fend off ... 39

13 単に達成するだけじゃない ➡ follow through ... 42

14	足が比喩で使われる時 ➡ get back on *one's* feet	45
15	つやを出すだけじゃない ➡ gloss over	48
16	意外な使い方がある ➡ go to	51
17	卒業するだけじゃない ➡ graduate	54
18	グラフィックだけじゃない ➡ graphic	58
19	熱を発するだけじゃない ➡ heat	61
20	動詞としても使われる ➡ land	64
21	どんなリスト？ ➡ laundry list	68
22	リストとは関係ない！？ ➡ listless	71
23	償う、（汚名を）そそぐ ➡ live down	74
24	期待する、注意する ➡ look to	77
25	ページが同じだけじゃない ➡ on the same page	80
26	音楽以外の分野でも使われる ➡ orchestrate	83
27	動詞としても使われる ➡ pale	87
28	悲しい運命を伝える ➡ perish	90
29	日本語の「ピッチ」ではない？ ➡ pitch	93
30	何を植えつける？ ➡ plant	97
31	切り抜ける、生き延びる ➡ pull through	101
32	〜のせいと考える ➡ put down to	104

33	単に延期するだけじゃない ➡ **put off**	107
34	元には戻らない ➡ **ratchet up**	110
35	一緒に座るだけじゃない ➡ **sit down with**	114
36	なぜか slow down と同じ意味になる ➡ **slow up**	117
37	料理の枠を越えた ➡ **spice up**	121
38	立ち上がるだけじゃない ➡ **stand up to**	125
39	単に服を着るだけじゃない ➡ **suit up**	129
40	服を脱ぐだけじゃない ➡ **take off**	133
41	いつも優しくて傷つきやすいわけじゃない ➡ **tender**	136
42	ひけらかす、みせびらかす、繰り返す ➡ **trot out**	139
43	振り向くだけじゃない ➡ **turn around**	142
44	いつも待っているわけじゃない ➡ **wait out**	145
45	大丈夫の印 ➡ **walk away**	148
46	手取り足取り説明する ➡ **walk through**	151
47	いろいろな状況で用いられる ➡ **warm up to**	155
48	洗うのは手だけじゃない ➡ **wash *one's* hands of**	158
49	（徐々に）疲れさせる ➡ **wear on**	162
50	窓以外の意味もある ➡ **window**	165

おわりに　　　　　　　　　　　　　　　　　　　　　　　170

本書の使い方

1
「よく見る語や表現だが、あまり知られていない意味がある。しかし、状況に応じてその意味で使うと、ネイティブ感覚の実に生き生きとした表現になる」
➡こうした英語表現を50厳選しました。

7 使い方にとまどう
➡ descend on

descend はラテン語から派生した形式ばった単語だが、「下りる」という日本語にする人が多いようだ。そのため、句動詞 descend on [upon] の使い方にとまどってしまう人も少なくないようだ。まず以下の例文を見てほしい。

> Thousands of people recently *descended on* Rio de Janeiro for the annual Carnival festivities.
> (リオデジャネイロで毎年行なわれるカーニバルに、つい先日、何千人もの人々が押し寄せた)

descend には「(高い所から)下る、下りになる、傾斜する」のほか、「(土地・性質などが)~から~へ伝わる」といった意味がある。しかし、descend on [upon] には、こうした意味から転じた以下の3つの用法がある。

① 「~を急に襲う」
② 「複数の人が(突然)~に押しかけて行く、(集団が)~を急襲する」
③ 「(感情、雰囲気などが)~を支配する、~に広がる」

2
「よく見る語や表現だが、状況によっては意外な意味で使われる」
➡これをまず例文で確認していただきます。はじめは日本語訳を見ずに読んでみましょう。

> Even though a feeling of anxiety filled the rest of the city, a celebretory atmosphere *descended on* the park.
> (街のほとんどを不安感がおおっていたものの、公園には祝福のムードが漂っていた)

これは③の用法だ。

> A storm *descended on* the area in the early hours of the morning.
> (朝早く、その地域を嵐が襲った)

これは①の用法になる。
もう一例挙げる。

> Her death came as the music industry *descended on* Los Angeles for the annual celebration of the Grammy Awards.
> (彼女が亡くなったという知らせがもたらされたのは、ちょうど毎年恒例のグラミー賞授賞式のためロサンゼルスに音楽業界の関係者たちが大勢集まった時だった)

これは②の用法だ。このように、水が高い所から低い所に急に流

3
「それぞれの語や表現は、状況に応じてさまざまな意味で使われる」
➡その用例を示しました。解説とあわせて、じっくり読んでください。

「一歩先の英文ライティング！」
➡各セクションの終わりに、練習問題を5問用意しました。本文の解説と例文を確認したあと、ぜひ挑戦してください。実際にご自分で訳文を作り、解答例と比べてみてください。

---

6 cough up

一歩先の英文ライティング！

1. ケチケチせずに、お金を払えよ！
2. 息子が車を買う援助に200万円を出す羽目になるかもしれない。
3. 父は私に1000ドルを援助してくれると、やっとのことで約束してくれた。
4. 大変な苦労の末、私たちは彼に貸したお金を返してもらうことができた。
5. 犯人は、警察に刑期が長くなると脅され、窃盗計画の詳細を白状した。

【解答例】

1. Don't be so stingy. *Cough up* the money.
2. I may have to *cough up* ¥2 million to help my son buy a car.
3. Father finally promised to *cough up* $1,000 to help me out.
4. After a lot of effort, we were able to get him to *cough up* the money he owed us.
5. The criminal *coughed up* the details of the planned robbery after the police threatened a long jail sentence.

一歩先の
英文ライティング

1 「賞」と「損害賠償」の関係 ➡ award

年末には国内外で様々な「賞」が発表される。「賞」を意味するawardには華やかなイメージを抱きがちだが、それは一面的なとらえ方のようである。本セクションでは、awardの名詞・動詞用法を別の角度から考察することにする。

では、awardがどんな意味で使われているのか考えながら、以下の英文を読んでみよう。

> It is said that foreign company had copied key features of the Japanese manufacturer's popular smartphone, *awarding* it approximately 100 billion yen in damages.
> (その外国の会社は、日本のメーカーの人気スマートフォンの主要な特徴をそっくりそのまま真似し、損害賠償額として約1000億円支払うことになったという)

さて、awarding以下の意味は取れただろうか?「その会社に1000億円の賞を与える」と解釈するのでは変だ。「award＝賞(を与える)」とだけ覚えていると、思わぬ間違いを犯してしまう。

awardには、動詞で「(裁判所などが賠償額などを)裁定により与える」、さらに名詞ではおなじみの「賞(金)、奨学金」のほか、「**判決、裁定、裁定額**」という意味がある。上の英文にはin damagesがあ

るので、「損害賠償額として」という解釈になる。

別の例を見てみよう。

> Minimum damages are set at about $1 million. But we believe the actual *award* will be larger.
> (賠償金の最低額は約100万ドルとの規定がある。しかし、実際の賠償金はそれを上回るとわれわれは見ている)
>
> A federal court has *awarded* $8.4 million to a New Jersey man for damages caused by the chemicals used in the artificial sweetener of the food.
> (連邦裁判所は、その食べ物に人工甘味料として使用した化学物質により被害をもたらしたとして、ニュージャージー州の男性に840万ドルの賠償金支払いを命じた)

このように裁判関連で使われる award もあり、アメリカのような訴訟社会 (litigation society) ではよく見かける用法なのである。

では、次の和文を、award を使って英訳してみよう。

一歩先の英文ライティング！

1. 最高裁は大学に対して100万ドルの損害賠償を命じた（下級審の）判決を覆した。

2. 市を相手どった民事訴訟で、地裁は男性が800万円の損害賠

償金を受け取る裁定を下した。

3. 彼らが我が社の特許を侵害したことで、われわれに10億円の損害賠償が認められた。

4. 法廷はその会社に著作権侵害訴訟で1000万ドル近い額の支払いを命じる下級裁判所の判決を支持した。

5. 家庭裁判所は離婚調停において、その夫婦の子供の親権は母親にあるとの審判を下した。（※親権 = custody）

【解答例】

1. The Supreme Court overturned a $1 million *award* against the university.

2. The district court *awarded* the man ¥8 million in compensatory damages in a civil lawsuit against the city.

3. We were *awarded* damages of ¥1 billion for their infringement of our patents.

4. The court upheld the decision to *award* the company close to $10 million in its copyright infringement law suit.

5. At the divorce settlement, the family court *awarded* sole custody of the couple's child to the mother.

集めるだけじゃない
➡ collect

2

　読者の方々は何かコレクション（collection）しているものがあるだろうか？　著者は、趣味と研究をかねて、江戸末期から今日までに著された英語の発音に関する書物や辞書などを集めている。

　さて、collection の動詞形は、ご存知のように、collect だ。基本的な動詞であるが、使い方によって、深いニュアンスを込めることができる。

　野球関連の記事に、次のような英文があった。

> **The designated hitter *collected* career hit No. 3,000 in the second inning of the game.**
> （その指名打者は、試合の2回の打席で通算3000本安打を達成した）

　collect は普通「集める、収集する」などの意味で使われるが、「ものを取ってくる」の意味でも用いられる。さらに、collect *oneself*（気持ちを落ち着かせる），collect up（〜を一個所に集める）といった表現もよく使われる。

　しかし、なぜ野球の試合で collect が使われているのか？　「集める」という意味で何となくわかるような気はするが、いまひとつ判然としない。

定義を英英辞書で確認してみると、"to get things from different places and bring them together"（Cambridge Learner's Dictionary）とあった。つまり、「異なる場所からものを集めて、1つにまとめる」というのが原義といえる。

また、ここから派生した用法として、Longman Dictionary of Contemporary English に、"to receive something because you have won a race, game, etc." と説明されている。『ルミナス英和辞典』（研究社）には、「…を手に入れる、勝ち取る」という語義があり、collect a gold medal（金メダルを取る）という用例もある。

つまり、collect には日本語でいう「コツコツと努力して手に入れる」に近い意味合いがあるのだ。

もう1つ例を挙げよう。

> The tennis player *collected* his fourth consecutive win in the tournament.
> （そのテニス選手は大会4連覇をはたした）

では、次の和文を、collect を使って英訳してみよう。

一歩先の英文ライティング！

1. イチローは2008年に通算3000本安打を達成した。
2. タイガー・ウッズは今季1勝もできなかった。
3. 彼は腕を負傷していたにもかかわらず、銀メダルを獲得した。

4. 安藤選手は宮間選手からピンポイントのパスをもらい、いとも簡単に得点をあげた。（※「ピンポイントの」はbeautifulを使えばよい）

5. 毎週末、そのグループは、地域の清掃運動の一環として、公園で空き缶や空き瓶を集めていた。

【解答例】

1. Ichiro *collected* the 3,000th hit of his career in 2008.

2. Tiger Woods failed to *collect* a victory this season.

3. He *collected* his silver medal despite suffering an injured arm.

4. Ando *collected* a beautiful pass from Miyama and easily scored a goal.

5. Every weekend, the group *collected* empty cans and bottles in the park in an effort to clean up the community.

3 気持ちや意図がわかる
➡ come from

「〜の出身である」という意味の句動詞 come from が「where ＋ 人 ＋ is [are] coming from」という言いまわしで使われると、どんな意味になるだろうか？

次の英文を読み、where he is coming from の意味を考えてみよう。

> While many of the shareholders were able to understand the problems, they still disagreed with the new CEO's approach. One shareholder, stated, "I understand ***where he is coming from*** but not everyone in the company is bad. If you get rid of all the executive officers, who will be left to run the comapny?"
>
> (株主の多くが問題を認識しながらも、新たに就任した最高経営責任者（CEO）のやり方に賛同はしていなかった。株主の１人は、「新CEOの気持ちはわかりますが、だからといって社員全員が無能なわけではありません。もし執行役員全員を解雇したら、誰が会社の運営をするのでしょうか？」と語った)

where he is coming from は直訳すると「彼が出て来ているところ」となるが、これでは変だ。come from が進行形になり、このように使われると、「（人の）気持ち、意図」を表わす比喩的な意味になる。

3　come from

『研究社新英和大辞典』を引くと、where a person is coming from を「人の本当の狙い、気持ち、発言の真意」と定義している。

例を見てみよう。

> No one has any idea what he's trying to do or ***where he's coming from***.
> （彼が何をやろうとしているのか、何を考えているのか、誰もわからない）

では、次の和文を、「where ＋ 人 ＋ is［are］coming from」を使って英訳してみよう。

一歩先の英文ライティング！

1. ビルは自らの考えを懸命に彼女に伝えようとした。
2. 娘さんとじっくり話し合ってごらんなさい。そうすれば彼女の考えがきちんとわかるようになりますよ。
3. 君の思いは十分にわかる。でも、いつかはこの問題に対処しなければならなくなると思うよ。
4. そう言ってくれれば、君の言いたいことはわかる。（※そう言ってくれれば ＝ if you put it that way）
5. その教師（女性）はその学生（男子）の言うことに1時間、辛抱強く耳を傾けたが、それでもなお彼が何を言いたいのかよくわからなかった。（※Even though the teacher listened to the student patiently for an hour,のあとにつづけてみよう）

【解答例】

1. Bill tried hard to tell her *where he was coming from*.

2. Have a good talk with your daughter, and you will begin to see exactly *where she is coming from*.

3. I can see perfectly *where you're coming from*. But I think you're going to have to deal with this problem some day.

4. If you put it that way, I see *where you're coming from*.

5. Even though the teacher listened to the student patiently for an hour, she still couldn't understand *where he was coming from*.

人間がお金に向かっていく
➡ come into

4

　come が作る句動詞は数多くある。中には日本語とはまったく異なる発想から成り立っているものがある。その1つが come into だ。まず、次の英文を読んでみよう。

> Panic isn't usually the reaction that most people have after suddenly coming into a lot of money.
> (思いがけない大金が突然舞い込んできても、多くの人が普通はパニックを起こしてしまうというわけではない)

　come into には、「(部屋・事務所・家などに) 入って来る」という意味だけでなく、「(人・物などが) 〜の状態になる」「〜に影響を与える」などの意味もある。しかし、上の例文の come into はそのいずれでもない。

　これを理解する鍵は、come into のあとに続く a lot of money にある。ここでは「(財産などを) 受け継ぐ、〜を手に入れる」(例: Mary *came into* a large fortune. [メアリーは莫大な財産を手に入れた])(『ルミナス英和辞典』) という意味と、それから派生した「(思いがけなく・苦労なく) 財産などを手に入れる」という意味の両方が使われている。

　日本語では「大金が入る」という具合に「お金の方がこちらにやってくる」と発想すると思うが、come into の主体はあくまで人間で、

「人間がお金へ向かって行く」と表現する。comeの原義が「相手に向かって近づく」という点からもうなずけるだろう。

以下、いくつか例を挙げる。

One of the most diffiuclt decisions a person needs to make after *coming into* money is whether to invest it or donate it.

(お金が転がり込んできたあと、もっともむずかしい決断の1つが、投資するか、寄付するかということだ)

Here are tips for avoiding the 10 most common mistakes people make when they *come into* money.

(人がお金を手にした時によくしてしまう10の間違いを防ぐ方法がこれだ)

I've *come into* a large amount of money. Should I invest it or pay off my mortgage?

(私は思いがけない大金を手にした。さて投資すべきか、住宅ローンに充てるべきか?)

I have recently been fortunate enough to have *come into* quite a lot of money — more than I need for myself and my family.

(最近、幸運なことに、お金がたくさん転がり込んできた。自分にも家族にも必要以上の額だ)

4　come into

では、次の和文を、come into を使って英訳してみよう。

一歩先の英文ライティング！

1. まゆみさんは成人した時に多額のお金を手にした。
2. 突然大金が入った時、まずすべきことは半分を投資にまわすことです。
3. そんなに多額のお金が飛び込んでくるとは夢にも思わなかった。
4. 「彼はどうやってあんな大金を手に入れたんだ？」「宝くじがあたったんだ」（※「宝くじがあたる」はwin the lotteryで表現すればよい）
5. 彼は会社を売り、多くの金を手に入れた。

【解答例】

1. Mayumi *came into* a lot of money when she turned 20.
2. The first thing you should do if you *come into* money is invest half of it.
3. I never expected that I would *come into* such a huge amount of money.
4. "How did he *come into* so much money?" "He won the lottery."
5. When he sold his company, he *came into* a lot of money.

5 システムに不正侵入する
→ compromise

先日、アメリカの友人から届いた E メールに、次の一文があった。

> I was the one who warned her that her gmail account was *compromised*.

compromise なので「妥協する」という意味にとられ、正直、最初は何のことかわからなかった。本セクションでは自戒を込めて、デジタル時代における compromise を取り上げよう。

compromise がどんな意味で使われているのか考えながら次の英文を読んでみよう。

> Cyber-attack programs are readily available. As soon as the target is decided on, the hacker only needs to load the software and click the "shoot" button. Hackers targeted the websites of the Supreme Court, the Finance Ministry and other government agencies in June, making them inaccessible or *compromised*.
> (サイバー攻撃用のプログラムは簡単に入手できる。標的が特定されれば、ハッカーはソフトウエアをダウンロードし、「発射」ボタンをクリックするだけでよいのである。ハッカーたちは6月に、最高

5　compromise

裁判所や財務省、そのほかの政府機関のサイトを標的にし、アクセス不能状態やシステム障害を引き起こした）

　compromise は「共に（com）＋ 約束する（promise）」が語源で、そこから、「お互いに歩み寄る→妥協する」という意味が生まれた。しかし、compromise の語義はこれだけではない。「**評判・信用などを危うくする**」や、「**危険に曝す**」といった意味でも使われることに要注意である。

> **The security of our country was *compromised*.**
> （我が国の安全が脅かされた）

　ここで紹介している意味での compromise は受身形で使われることが多い。また『ルミナス英和辞典』は compromised（抵抗力［免疫機能］に障害が生じた）を形容詞として定義している。

　さらに、IT 関連の分野で顕著になっているのが、前ページの英文にある「**（セキュリティを）破る、（システムに）不正侵入する**」（breach a security system）という意味の compromise だ。そして冒頭の E メールにあった compromise の意味は、まさにこれであった。

　ほかの例を挙げる。

> **They released a statement which said an "old file" from the network was *compromised*.**
> （彼らは、ネットワークから「古いファイル」が流失したとの声明を発表した）

攻撃を仕掛けられ、不正侵入されたことが compromise で端的に表現されている。もう１つ例を挙げる。

> The company released a statement which said that its blogging platform had been *compromised*.
> (その会社は、同社のブログのプラットフォームがハッカーに攻撃されたと発表した)

こういった用法が、デジタル時代のハッカー攻撃などに使われるのはある意味、時代の要請から生まれたのだろう。
では、次の和文を、compromise を使って英訳してみよう。

一歩先の英文ライティング！

1. 私のパソコンがウィルスに感染してしまったようです。
2. 100万人のユーザーの個人情報が流失した。
3. 不正侵入されたシステムを修復することはセキュリティ専門家の仕事の中でも最もやりがいのあるものの１つです。
   (※やりがいのある部分 = challenging aspects)
4. 会社の社内ネットワークがハッカーの攻撃を受けてしまい、修復にはかなりの額がかかるだろう。
5. インターネットからファイルをダウンロードすると、コンピュータがウィルスに感染することがある。

【解答例】
1. I'm afraid my computer has been *compromised*.

5 compromise

2. One million users' data was *compromised*.
3. Repairing a *compromised* system is one of the most challenging aspects of a security professional's job.
4. The company's intranet had become *compromised* and repairs would be costly.
5. Downloading files from the internet could *compromise* your computer.

6 何かをしぶしぶ出す
➡ cough up

「咳」や「咳をする」という意味の cough は、英語の綴りと発音が一致しない単語の代表例だ。そんな cough に up が付くと、「なるほど」と思える意味が生じる。

まず次の英文を見てみよう。

> While many law enforcement officers carry credit card readers, others insist that the fines be paid in cash, and anyone who fails to *cough up* the money must go through the embarrassment of being brought by police to the nearest ATM.
>
> (※be paid in cash = 現金で支払われる、go through the embarrassment = バツの悪い思いをする)
>
> (クレジットカード読み取り端末を携帯している警官も多数いる一方で、罰金は現金で、その場で支払うよう求める警官も多くいる。ということで財布をはたいても現金が出てこない者は、最寄りのATMへと警察官に連行されるというバツの悪い思いをすることになる)

cough up の意味がわかっただろうか？ ちなみに、demand のような要求や提案を示す動詞のあとの that 節では、原形動詞が使われる。

6 cough up

　cough upには、まず①「咳と一緒に〜を吐き出す、咳をして〜を出す」という意味がある。次のように使われる。

> **The dog *coughed up* a cork it had swallowed.**
> （その犬は飲み込んだコルクを、ゴホゴホいいながら吐き出した）

　面白いのは、これから転じた②「〜をしぶしぶ白状する、どろを吐く」という意味だ。次のように使われる。

> **Peter *coughed up* the details of what he had seen.**
> （ピーターは自分が見たことの詳細をしぶしぶ白状した）

　そして、③「金、情報などを出す、支払う」という意味でも使われる。

> **I had to *cough up* ￥600,000 for tuition.**
> （授業料60万円を支払うことになった）

　冒頭の英文のcough upは③の用法で、英英辞典には、"To hand over or relinquish (money or another possession), often reluctantly."（*The American Heritage Dictionary of the English Language*）とある。ポイントは下線で示した通り、「多くの場合、しぶしぶ」というニュアンスだ。『リーダーズ英和辞典』（研究社）には、「〈金・情報などを〉しぶしぶ［なんとか］出す［渡す］」とある。

　この表現の歴史にも少し触れておきたい。*Oxford English*

6　cough up

Dictionary によれば、cough という単語そのものは 14 世紀頃に初出した。これに up が付いた cough up は、スラング（俗語）として 19 世紀から使われるようになったとのこと。

由来には諸説あるが、きびしい課税に対抗し、金を飲み込んで隠した住民に対して、徴収係がのどに手を突っ込んだり、薬を使ったりして、吐かせたところから来たという説が有力だ。

こうした意味が現在に伝わり、たとえばニュース記事などでもよく使われている。以下、例を挙げる。

> The law firm was slammed for not *coughing up* the facts.
> （事実隠ぺいをした法律事務所は、酷評の嵐を浴びた）
>
> NY smokers will have to *cough up* more money starting today.
> （ニューヨークの喫煙家は、今日からたばこ代の負担額が増える）
>
> The company will have to *cough up* $3.9 billion to acquiring that shipping firm.
> （その会社があの運送会社を買収するには39億ドルが必要だ）

おわかりのように、この cough up の核のイメージは、何かを「しぶしぶ出す」だ。

では、次の和文を、cough up を使って英訳してみよう。

一歩先の英文ライティング！

1. ケチケチせずに、お金を払えよ！
2. 息子が車を買う援助に200万円を出す羽目になるかもしれない。
3. 父は私に1000ドルを援助してくれると、やっとのことで約束してくれた。
4. 大変な苦労の末、私たちは彼に貸したお金を返してもらうことができた。
5. 犯人は、警察に刑期が長くなると脅され、窃盗計画の詳細を白状した。

【解答例】

1. Don't be so stingy. *Cough up* the money.
2. I may have to *cough up* ¥2 million to help my son buy a car.
3. Father finally promised to *cough up* $1,000 to help me out.
4. After a lot of effort, we were able to get him to *cough up* the money he owed us.
5. The criminal *coughed up* the details of the planned robbery after the police threatened a long jail sentence.

7 使い方にとまどう → descend on

　descend はラテン語から派生した形式ばった単語だが、「下りる」という日本語にする人が多いようだ。そのため、句動詞 descend on [upon] の使い方にとまどってしまう人も少なくないようだ。
　まず以下の例文を見てほしい。

> **Thousands of people recently *descended on* Rio de Janeiro for the annual Carnival festivities.**
> （リオデジャネイロで毎年行なわれるカーニバルに、つい先日、何千人もの人々が押し寄せた）

　descend には「(高い所から) 下る、下りになる、傾斜する」のほか、「(土地・性質などが)〜から…へ伝わる」といった意味がある。しかし、descend on [upon] には、こうした意味から転じた以下の3つの用法がある。

① 「〜を急に襲う」
② 「複数の人が（突然）〜に押しかけて行く、(集団が) 〜を急襲する」
③ 「(感情、雰囲気などが) 〜を支配する、〜に広がる」

　上の英文の descend on は②の用法だ。意外なことに、いずれの用法も英語学習者にはあまり知られていないようだ。

7 descend on

> Even though a feeling of anxiety filled the rest of the city, a celebretory atmosphere *descended on* the park.
> (街のほとんどを不安感がおおっていたものの、公園には祝福のムードが漂っていた)

これは③の用法だ。

> A storm *descended on* the area in the early hours of the morning.
> (朝早く、その地域を嵐が襲った)

これは①の用法になる。
もう一例挙げる。

> Her death came as the music industry *descended on* Los Angeles for the annual celebration of the Grammy Awards.
> (彼女が亡くなったという知らせがもたらされたのは、ちょうど毎年恒例のグラミー賞授賞式のためロサンゼルスに音楽業界の関係者たちが大勢集まった時だった)

これは②の用法だ。このように、水が高い所から低い所に急に流れるように、何かが「(突然) 大挙して押しかける」ことを表現する際に、descend on はピッタリだ。

7 descend on

では、次の和文を、descend on [upon] を使って英訳してみよう。

一歩先の英文ライティング！

1. スミス教授の雷が学生の頭上に落ちた。
2. 不安な暗闇が被災地をおおった。
3. 世界中のマスコミが新婚のウィリアム王子とキャサリン妃の姿を少しでもとらえようとロンドンに集結した。
4. その指導者の死の知らせに、絶望感が都市に広がった。（※絶望感 = a feeling of despair）
5. そのテレビアイドルのファンたちは、彼女がショッピングモールで買い物をしているという噂を耳にして、その場に殺到した。（※ショッピングモール = the mall）

【解答例】

1. Professor Smith's anger *descended on* the heads of his students.
2. An uneasy darkness *descended on* the devastated area.
3. The world's media has *descended upon* London to catch a glimpse of the newlyweds, Prince William and Princess Catherine.
4. A feeling of despair *descended on* the city at the news of the leader's death.
5. Fans of the TV idol *descended on* the mall when they heard the rumor that she was shopping there.

7 descend on

8 「刃（先）」「縁、端」から発展した
➡ edge

　edge といえば、まず「刃（先）」（例：the *edge* of a sword［刃先］）や「縁、端」（例：the *edge* of a table［テーブルの縁］）という意味が頭に浮かぶだろう。しかし、こうした基本の語義から発展した edge も日常的によく使われる。ここではその代表的なものを見てみよう。

　次の例文で edge がどんな意味で使われているのか考えてみよう。

> **Teenagers seem to believe the drinks give them both a mental and physical *edge*.**
> （10代の人たちは、その飲み物を飲めば人より心も体も強くなれると信じているようだ）

　edge には様々な意味があるが、大きく「刃（先）」と「縁、端」の2つに分けられる。

　前者の例でよく目にするのが「（ライバルに対する）**強み、優勢、有利**」などの意味になる edge だ。元々はくだけた表現だが、have / get / gain / give / provide などの動詞を伴って、ニュースにも頻出するようになった。上の英文の edge は、この意味で使われている。

　例を挙げる。

8 edge

> XYZ Industry Co. believes that the Japanese company's liquid crystal display technology may provide them with an *edge* in their dealings with that company.
>
> (XYZインダストリー社はその日本の液晶ディスプレイ技術を活かせば、あの会社との取引で（ライバル社）より優位に立てると見ている)

もう1つ、「縁、端」を表わす edge は、「**瀬戸際、危機**」の比喩として用いられる。

> The deflation brought his company to the *edge* of bankruptcy.
>
> (デフレにより、彼の会社は倒産寸前まで追い込まれた)

また edge が cutting と結びついた cutting-edge は、刃で切り開いていくイメージから「最前線の」⇒「(技術開発や研究が) **最先端の**」という意味で使われる。同義語の leading-edge と一緒に覚えておこう。

> Japan continues to develop *cutting-edge* technology to care for its aging population.
>
> (日本は高齢化人口に対処するための最新技術を常に発展させている)

では、次の和文を、edge を使って英訳してみよう。

8 edge

一歩先の英文ライティング！

1. 彼には海外経験があったため、ほかの候補者より有利だった。

2. ヨーロッパの主要経済大国は競争力を失い続けている。

3. 山中教授の夢は最先端のiPSテクノロジーを再生医療と新薬開発に応用することだ。（※再生医療 = regenerative medicine）

4. 3か国語を話せることで、その候補者はほかの誰よりも決定的に優位に立っていた。

5. ほとんどの人は、次のレースではその記録保持者が勝つだろうと考えた。（※「次のレースでライバルたちに勝つ」という言い方をすればよい）

【解答例】

1. Because of his experience overseas, he had an *edge* over the other candidates.

2. Europe's major economies are continuing to lose their competitive *edge*.

3. Professor Yamanaka's dream is to apply the *cutting-edge* iPS technology in regenerative medicine and the development of new drugs.

4. The applicant's ability to speak three languages gave him [her] a decisive *edge* over everyone else.

5. Most people felt that the record-holder would have an *edge* over his rivals in the upcoming race.

動詞としても使われる
➡ empty

9

emptyと聞くと、「空の、中身のない」という形容詞の意味を思い浮かべる人が多いだろう。いかにもemptyは、an empty bottle（空のボトル）やempty promises（口先の約束）のように使われる。

しかし、emptyは動詞としても用いられる。

次の2つの例文を見てみよう。

The pub usually *empties* around midnight.
（そのパブはいつも深夜12時頃になると誰もいなくなる）

The Shishiori River *empties* into Kesennuma Bay.
（鹿折川は気仙沼湾に注ぐ）

2番目の例文のempty intoは地理ではおなじみの表現で、たとえばアメリカの小学校の社会科の教科書には、"Which ocean does the Amazon River *empty into*?"—"The Amazon River *empties into* the Atlantic Ocean."（アマゾン川が流れ込む海は？／アマゾン川は大西洋に注ぐ）という問題があった。

この用法をもう少し見てみよう。英和辞書の多くが「川が海に注ぐ」という例文を挙げているが、これでは主語は川に限定されるような印象を受ける。大まかに言うと、「どこかに空けられるもの」であれば、様々なものを主語にできる。

面白いところでは、体内の血管が主語になった例があった。

> **How many pulmonary veins *empty* into the right atrium?**
> (右心房へと流れる肺静脈は何本ですか？)

これは上の例文にあった川と海の関係に似ている。
パソコン関連では、

> **Locked folder can't *empty* into trash.**
> (パスワードでロックされているフォルダーは、ゴミ箱には捨てられません)

という用例が見つかった。

empty は「〜を空にする」という意味でも使われる。例を挙げる。

> **He *emptied* his glass.**
> (彼はコップの中身を飲み干した)
>
> **Would you mind *emptying* out your pockets?**
> (ポケットの中の物を全部出してくださいませんか？)

では、次の和文を、empty を使って英訳してみよう。

一歩先の英文ライティング！

1. 信濃川は日本海に注ぐ。
2. その女性は生ごみをドアの外にある大きな容器に空けた。
3. その船はホノルルで乗客を全員降ろした。
4. 彼らはバケツを１度に１杯ずつ空にした。（※１度に１杯ずつ = one at a time）
5. ダンプカーは積んでいたものをすべて溝に捨てた。

【解答例】

1. The Shinano River *empties* into the Sea of Japan.
2. The woman *emptied* the garbage into a large container outside the door.
3. The ship was *emptied* in Honolulu.
4. They *emptied* the buckets one at a time.
5. The dump truck *emptied* its contents into the ditch.

10 顔ははずさない
→ face off

　英語では eye や nose など、体の部位を表わす名詞が動詞にも用いられることがある。その1つで、よく使われるのが face off だ。もちろん、「顔をはずす」ではない。どんな意味があるのだろうか？本セクションでは、この表現を考えてみよう。

　face off がどんな意味で使われているのか考えながら、次の英文を読んでみよう。

> For months, patrol ships from the two countries have sporadically *faced off* near the islands.
>
> (※patrol ships = 監視船、巡視船、sporadically = 散発的に)
>
> (数カ月にわたり、2カ国の監視船がその諸島の近海で散発的に対峙してきた)

　さて、face off の意味が読み取れただろうか？　face（顔）には動詞で、「〜に面する、顔を向ける」「（危険などに）まっこうから向かう」という意味がある。したがって、face だけでもなんとなく意味は通るのだが、「完全な、すっかり」と強調を表わす副詞の off がつくことで、「**対決の構えを見せる、立ち向かう**」という「対決姿勢」がさらに強調される。

　本来はアイスホッケー用語で、審判が落としたパックを奪い合っ

10 face off

て競技を開始すること（サッカーでは kick off）に由来する。*The New Oxford American Dictionary* には、"take up an attitude of confrontation, esp. at the start of a fight or game" と定義されているように、「顔を突き合わせたにらみ合い」をイメージさせる「体育会系の表現」なのである。

例文を挙げよう。

> The American and Japanese soccer teams are set to *face off* again in the women's soccer final.
> （女子サッカーの決勝で、アメリカと日本のチームが再び相まみえることになった）
>
> In past weeks at secretive meetings, the managers in the company *faced off* in fiscal cliff negotiations. （※fiscal cliff ＝ 財政の崖）
> （ここ数週間、その会社の役員たちは秘密会議を開き、財政の崖に関する話し合いで顔を突き合わせた）

では、次の和文を、face off を使って英訳してみよう。

一歩先の英文ライティング！

1. 両国は困難な問題を巡って対立を続けてきた。（※困難な問題 ＝ the thorny issue）
2. 世界の核超大国は、その壁をはさんで30年間、にらみ合いを続けた。

3. その2人の候補者は次の選挙で相まみえる予定だ。

4. 両チームは4年連続で決勝戦で対戦することになった。

5. その2人の学生がディベートで対戦するのはともにつらいことだった。なぜなら、2人は親友同士だったからだ。

【解答例】

1. Both countries have *faced off* over the thorny issue.

2. The world's nuclear superpowers *faced off* across the wall for three decades.

3. The two candidates will *face off* in the next election.

4. The two teams were *facing off* for the championship for the 4th consecutive year.

5. It was difficult for the two students to *face off* against each other in the debate because they were best friends.

無生物主語構文で用いられる
➡ fail

11

物が主語になる「無生物主語（物主）構文」は英語の特徴の1つだ。

The news made her happy.
（そのニュースを聞いて、彼女はうれしくなった）

このような表現に初めて出会った時は、日本語とは異なる新鮮さに感心した。

ここでは無生物主語構文で用いられる fail の用法を考察する。

以下の例文で、words fail me がどんな意味で使われているのか考えてみよう。

The fact people are trying to make money out of her death is quite frankly ... words *fail* me.
（人々が彼女の死を食いものにして金儲けをしようとしている事実には、はっきり言って…言葉が見あたりません）

fail は「科目・単位などを落とす」（他動詞）や to 不定詞を伴って「～しそこなう」（自動詞）といった意味でよく使われる。

> **Jeff *failed* history.**
>
> (ジェフは歴史［という講義科目］を落とした)
>
> **She *failed* to show up in time.**
>
> (彼女は時間通りに現われなかった)

　他動詞の fail には物が「(人を) 見捨てる、(人の) 期待を裏切る、(人の) 役に立たない」という意味もある。Words fail me. はその一例だ。面白いのは、fail が意思を持たない「言葉」(words) という無生物を主語にとり、「言葉」があたかも生きているかのように、「言葉が自分を見捨てる」と表現している点だろう。日本語では、「**言葉が出ない、言葉にならない**」と表現すればよい。

　The American Heritage Dictionary of Idioms では、Words fail me. を "I can't put my thoughts or feelings into words, especially because of surprise or shock." と定義している。「驚きとショック」がポイントだ。

　また、fail の自動詞の用法を用いて、

> **Words *fail* to express my gratitude.**
>
> (この感謝は、言葉では表現しきれません)

のように言い表わすこともできる。

　さらに、

11 fail

> Her sight *failed* her.
> (彼女は視力を失った)
>
> His courage *failed* him at the last moment.
> (彼は土壇場で勇気がなくなった)

というような言い方もする。

　少年時代から dyslexia（失読症）と闘い、2008 年に詩部門でピューリツァー賞を受賞したアメリカの詩人 Philip Schultz 氏が、2011 年 9 月 3 日付の『ニューヨーク・タイムズ』紙に寄稿したエッセーのタイトルが、

> Words *Failed*, Then Saved Me.
> (言葉はぼくを一度は見捨てたが、あとで救ってくれた)

だった。思わずうならされた。
　では、次の和文を、fail を使って英訳してみよう。

一歩先の英文ライティング！

1. いざという時、言葉が出てこなかった。
2. 足がいうことをきかず、私は倒れてしまった。
3. どうしても思い出せなかった。

4. 私たちの古い車で国を横断(縦断)できると期待していたが、あと50キロというところでエンジンが動かなくなった。(※「国を横断[縦断]は」 make the trip across the countryで、「あと50キロ走ったところで」はwith only 50 kilometers to goで表現すればよい)

5. その評判の悪い議案が法律化された時、法案成立の体制が機能していなかったと多くの人が感じた。(※評判の悪い議案 = the unpopular bill, 法案成立の体制 = system)

【解答例】

1. Words *failed* me at the crucial moment.

2. My legs *failed* me and I fell down.

3. My memory *failed* me.

4. We hoped our old car would be able to make the trip across the country, but the engine *failed* with only 50 kilometers to go.

5. Many people felt that the system had *failed* them when the unpopular bill became a law.

～をかわす
➡ fend off

12

まずは、fend off がどんな意味で使われているのか考えながら以下の英文を読んでみよう。

> He was sentenced to a little more than three years in prison after being convicted of *fending off* officials with knives.
> （警察当局者に複数の包丁を使って抵抗したとして、彼は懲役3年を少し上回る［刑期の］実刑判決を受けた）

fend off の意味がわかっただろうか？ fend から defend（守る）を連想した人も多いかもしれないが、その勘は当たっている（fence［囲い、柵］や車などの fender［フェンダー、泥よけ］も関連語）。fend は defend の接頭辞 de- が消失してできた単語なのである。

これに分離を表わす副詞の off が付くことで単に「守る」だけでなく、「**～をかわす、受け流す、寄せつけない**」という意味になる。たとえば、次のような言い方をする。

> Kate used an umbrella to successfully *fend off* a knife-wielding man.
> （ケイトは傘をうまく使って、ナイフをふりかざした男を寄せ付けなかった）

12　fend off

このように物理的な意味でも使われるが、比喩的な意味でもよく用いられる。例を見てみよう。

> The Prime Minister had a hard time *fending off* criticism that his stance towards the nation's current territorial disputes was not strong enough.
> (首相は、国の現在の領土問題に関するスタンスがしっかりしていないとの批判をかわすのに苦労した)

次のような言い方もする。

> The Cabinet approved a 400 billion yen economic stimulus package, moving to *fend off* recession as the recovery falters.
> (内閣は経済刺激策として4000億円の投入を承認し、景気回復がもたつくなかでの景気後退に歯止めをかけようとした)

このほかにも、fend off は fend off inflation（インフレをかわす）、fend off infection（感染を避ける）、fend off hunger（飢えをしのぐ）といったように使われる。

では、次の和文を、fend off を使って英訳してみよう。

12　fend off

一歩先の英文ライティング！

1. 教授は新著に関する批判をかわすことができなかった。
2. 首相は新たな増税に関する質問をなんとか受け流した。
3. 部長は迷惑電話に出るのを避けるため、自分の秘書を使った。
4. その俳優は最近の問題発言に関する非難をかわそうとやっきになっていた。（※「非難」はattacksを用いればよい）
5. 医師の中には、ある食べ物によって人は自然に感染を避けることができると考えている人もいる。

【解答例】

1. The professor failed to *fend off* criticism of his new book.
2. The Prime Minister managed to *fend off* questions about the new tax hike.
3. The manager used his secretary to *fend off* unwanted phone calls.
4. The actor was struggling to *fend off* attacks regarding his recent controversial comments.
5. Some doctors believe that certain foods can help people *fend off* infections naturally.

13 単に達成するだけじゃない → follow through

本セクションでは、follow through という句動詞を扱う。

まずは以下の英文で follow through がどんな意味で使われているのか考えてみよう。

> Although she was trained to be a violinist, Lisa was not able to *follow through* with her pursuit of a career in music after her father suddenly passed away.
> (リサはバイオリン奏者として訓練を受けたが、父が急逝したことで、音楽の世界で身を立てることをあきらめざるをえなくなった[音楽の世界で身を立てることは追い求められなくなった])

「follow(ついていく)＋ through(初めから終わりまで)」という成り立ちから、「達成する、成し遂げる」といった意味が容易に浮かぶかもしれない。しかし、follow through には、単に「達成する」のではなく、「**(目的の主要部分が達成できている状況で)手を抜かずに最後までやり遂げる**」というニュアンスがある。

それは名詞の follow-through(野球やゴルフなどで、ボールを打ったあと、バットやクラブを振り切ること)からもわかる。スイングの完成度は、インパクト後の仕上げ(follow-through)にかかっているのだ。

13　follow through

『ルミナス英和辞典』によい用例がある。

> We must *follow through* with this cleanup campaign.
> （この浄化運動は最後までやり抜かなければならない）

以下のような言い方もよくする。

> Once Shiori sets about doing the work, she will always *follow through*.
> （詩織はやりかけた仕事は必ずやり遂げる）
>
> He tried to *follow through* on his plans.
> （彼は計画を最後までやり遂げようとした）

では、次の和文を、follow through を使って英訳してみよう。

一歩先の英文ライティング！

1. ほとんどの政治家たちの問題点は、選挙公約を成し遂げないことだ。（※選挙公約 = campaign promises）
2. その企画は不人気だったが、彼はとにかく最後までやり遂げた。
3. その会社の重役たちは、人件費削減という誓約を最後まではたせなかった。
4. 顧客は契約者に対し、契約者が実行すると口にしたものはす

べて遂行してくれると期待していた。

5. その会社は提案にあるものはすべて成し遂げなければならないと認識していたので、その起草にあたっては細心の注意を払った。

【解答例】

1. The trouble with most politicians is that they don't *follow through* on their campaign promises.

2. It was an unpopular project but he *followed through* on it anyway.

3. The company executives failed to *follow through* on the pledge to cut down on personnel expenses.

4. The customers expected the contractor to *follow through* on all the things he said he would do.

5. Since the firm knew they would have to *follow through* on everything in their proposal, they were very careful when they drafted it.

足が比喩で使われる時
→ get back on *one's* feet

14

　英語には foot（足）, hand（手）, nose（鼻）など体の部位を効果的に使った表現が多い。ここでは、その中から foot の複数形 feet を含んだ get back on *one's* feet という表現を取り上げる。

　get back on their feet がどんな意味合いで使われているのか考えながら、以下の英文を読んでみよう。

> While the residents have been working hard to ***get back on their feet*** after the disaster, they have made little headway to this point. （※headway ＝進歩、前進）
> （災害後、住民たちは生活を立て直そうと努力をつづけてきたが、現時点まで大きな進歩は見られない）

　get back on *one's* feet は「get back（戻る）＋ on *one's* feet（自分の足で立って）」で、「**（病気などの悪い状態から）回復する、立ち直る**」という意味で使われる比喩表現である。

　病気に限らず財政難や自然災害などの苦しい状況から「**再生する、復興する**」という意味でも広く用いられる。ポイントは「なんらかの困難に直面していて、そこから立ち上がる」（on one's feet）ということだ。文字どおりの意味だから理解しやすいだろう。

　例を見てみよう。

14 get back on *one's feet*

> Recently the Edgar Allan Poe House and Museum suffered various acts of vandalism, but fans have helped it *get back on its feet*.
>
> (最近、作家エドガー・アラン・ポー記念館は、ありとあらゆる形の破壊行為に遭っているが、ファンは再建を支援している)

この例のように動詞 help とともに用いられる傾向がある。もう一例挙げる。

> The country is hoping to find more relief before it will be able to *get back on its feet*.
>
> (その国は自立再建のめどが立つまで、さらなる援助を求めている)

では、次の和文を、get back on *one's* feet を使って英訳してみよう。

一歩先の英文ライティング！

1. 彼は事故後、時を置かずに回復した。
2. その市は破産したあと、財政の立て直しに苦労した。
3. さおりが入院して1カ月が経つが、もう間もなく回復するだろう。
4. 新たな仕事に就いて、生活を立て直すまでは新たに車を買う余裕はないと思う。

5. 緊急手術を受けたCEOがこんなにも早く復帰するとは誰も思っていなかった。（※緊急手術 = emergency surgery）

【解答例】

1. He *got back on his feet* in no time after the accident.

2. That city struggled to *got back on its feet* after it went bankrupt.

3. Saori has been in the hospital for a month, but she'll *got back on her feet* soon.

4. I don't think I can afford to buy a new car until I get a new job and *got back on my feet*.

5. After having emergency surgery, no one expected the CEO to *got back on her feet* so quickly.

15 つやを出すだけじゃない
➡ gloss over

本セクションでは、gloss over という句動詞を学習しよう。

以下の英文で、gloss over がどんな意味で使われているのか考えてみよう。

> It is deplorable that the politician continues to make comments that hurt the feelings of the women forced into sexual slavery while *glossing over* fundamental problems.
> (その政治家が、慰安婦となることを強いられた女性たちの心情を傷つける発言を繰り返し、根本的な諸問題をごまかしているのは遺憾である)

gloss over の意味は取れただろうか？ gloss が名詞では「光沢、つや」「見せかけ、虚飾、うわべの飾り」、動詞では「～のつやを出す」「～を体裁よくごまかす」という意味があることを知っていれば、大体の察しはつくはずだ。

動詞の gloss に「～をおおって」という意味の前置詞 over が付いた gloss over は、「全体を何かでおおい尽くすイメージ」になる。*Longman Dictionary of Contemporary English* に "to avoid talking about something unpleasant, or to say as little as possible about it"（不快なことに言及するのを避ける、最小限にと

15 gloss over

どめる）と定義されているように、問題や過失などの都合の悪いことを「ごまかす、隠す」という意味だ。名詞の gloss を用いた put a gloss on も同じ意味になるので覚えておこう。

別の例を2つ見てみよう。

> The society referred to the Nanjing massacre as an "incident," and *glossed over* the issue of comfort women.
> （その社会は南京大虐殺を「事件」として扱い、従軍慰安婦問題を体裁よくごまかした）
>
> The fact that the two countries *glossed over* the recent border disputes seems to indicate that their relationship is warming.
> （両国が近頃の国境領有権問題を棚上げしたという事実は、互いの関係が改善されつつあることを示しているように見える）

では、次の和文を、gloss over を使って英訳してみよう。

一歩先の英文ライティング！

1. 彼女にはそれほど大きな失態を取り繕うことはできなかった。
2. 会議で社長は自らの判断ミスを慌ててごまかした。
3. 彼はCEOから突然退任することに至った詳細を、体裁よくごまかそうとした。
4. その政治家は外交上の失敗を隠せるかもしれないと願ってい

た。（※外交上の失敗 = diplomatic misstep）

5. 監督はチームのスター選手によるすべての犯罪を隠そうとしたが、結局、あまりに件数が多過ぎた。（※犯罪 = transgressions）

【解答例】

1. She could not *gloss over* such a big blunder.

2. In the meeting, the president quickly *glossed over* his misjudgment.

3. He tried to *gloss over* the details of his sudden resignation as CEO.

4. The politician was hoping that he could *gloss over* his diplomatic misstep.

5. The coach had tried to *gloss over* all his star player's transgressions, but in the end there were just too many.

意外な使い方がある
➡ go to

16

「go to の意味は？」と聞かれれば、誰もが「〜へ行く」と答えるだろう。もちろん、それで間違いないが、go to はうしろに特定の語が来ると、独特の意味になる。

> People would rather go out to get a piece of pie at a café than *go to* the effort of making a pie themselves.
> （人々は家で手間をかけてパイを焼くよりも、外に出かけてカフェでパイを食べる方を好むようだ）

go to (the effort) の意味が理解できただろうか？

go to のあとに the effort や、pains, the trouble, expense, lengths などの名詞が来ると、「苦労する、努力する」「出費する」「どんなことでもする、徹底的にやる」といった意味になる。

それぞれ例を挙げる。

> My father *went to* great expense to put me through college.
> （私が大学を卒業するために、父は大変な額のお金を出した）
> ※学費を捻出するために苦労した父親の様子が伝わってくる。

He *went to* great pains in his speech not to accuse anyone of wrongdoing.
(彼は悪事を働いた人を非難せずにスピーチするのに大変苦労した)

She *went to* the trouble of translating these complicated legal documents into Japanese.
(彼女は複雑な法律関係の文書をわざわざ日本語に訳した)
※go to the trouble of～には「わざわざ～する」の意味がある。

Peter is willing to *go to* any lengths to win.
(ピーターは勝つためにはどんな労も惜しまないだろう)
※go to any [great] lengthは、「（…するためには）どんなことでもする、徹底的にやる」という意味。

そのほかの go to の用法を意味ごとにまとめる。

① 「(川などが) ～までのびる、達する」
　The Shinano River *goes to* the Sea of Japan.
　(信濃川は日本海までのびている)

② 「(賞や遺産などが) 人に与えられる」
　First prize *goes to* Mr. Takahashi.
　(１等賞は高橋さんに与えられる)

③ 「(予算、基金などが) ～にあてられる」
　The fund *goes to* the earthquake victims.
　(基金は地震の被災者にあてられる)

16　go to

では、次の和文を、go to を使って英訳してみよう。

一歩先の英文ライティング！

1. ナイル河は地中海に注ぐ。（地中海＝the Mediterranean Sea）
2. そのロックコンサートの収益は慈善基金に回された。（※収益 = proceeds）
3. その新婚夫婦は大変な出費をして、理想の家を建てた。
4. その億万長者の遺産のほとんどが彼の妻のものになった。（※遺産 = inheritance）
5. コーチはどんなことをしてでも、試合に負けたことを直接チームの誰かのせいにしないようにした。

【解答例】
1. The Nile River *goes to* the Mediterranean Sea.
2. The proceeds from the rock concert *went to* charity.
3. The newlywed couple *went to* great expense to have their dream house built.
4. Most of the billionaire's inheritance *went to* his wife.
5. The coach *went to* great lengths not to directly blame any of his players for the loss.

17 卒業するだけじゃない ➡ **graduate**

graduate と言えば「卒業する」という意味がすぐに思い浮かぶだろうが、それ以外の意味もある。本セクションでは、特に日英語の比較の観点から、graduate という動詞について考えてみよう。

次の英文を見てほしい。

> Her firm listed on the Tokyo Stock Exchange's start-up section in 2011 and *graduated* to the first section this month.
> （彼女の会社は2011年に東京証券取引所の東証マザーズに上場し、今月、東証1部に上場をはたした）

Tokyo Stock Exchange などの情報から、経済に関する内容で、graduate が「卒業する」という意味ではないことはわかったと思う。まずは、英語の graduate と日本語の「卒業する」の意味の違いを整理しよう。

「卒業する」は「学校の全教科または学科の課程を修了すること」（『大辞林』[三省堂]）と定義され、学校の種類に関係なく用いられる。一方、graduate はアメリカでは日本と同じく学校全般を卒業するという意味で使われるが、イギリスでは "to obtain a degree, especially a first degree, at a university" (*Longman Dictionary of English Language and Culture*) と定義され、「大卒」のみを指すのが普通だ。

17　graduate

　しかし、問題文の graduate はこのいずれでもなく、比喩的な用法だ。日本語でも「ある状態・段階を通過すること」(『大辞林』) という意味で比喩的に使うことがあるが、英語では**「より大きく、重要なことを始めるために、今の段階から離れる」**という意味で用いられる。

　たとえば、次のような言い方をする。『新英和中辞典』(研究社) にあった用例だ。

> The children will soon *graduate* from reading comics to reading novels.
> (子供はすぐに漫画を卒業して小説を読むようになるものだ)

では、いくつか例を見てみよう。

> *Naruto* came out as a manga in 1999 and *graduated* to television in 2002.
> (『ナルト』は1999年に漫画として始まり、2002年にはテレビ化された)

　漫画からテレビアニメの段階に進んだことが graduated で強調されている。

> After working as an editor at the influencial magazine, he *graduated* to overseeing the publishing house.

（彼は影響力のある雑誌の編集長を務めたあと、出版社全体を統括する仕事にまわった）

この文からも graduate が持つ「昇進」というニュアンスが感じられる。

graduate は人に限らず、自然現象にも使われる。

The tropical storm remains in the Gulf of Mexico and has not yet *graduated* to a full-blown hurricane.
（熱帯低気圧はメキシコ湾にあり、まだ本格的なハリケーンにまで発達はしていない）

では、次の和文を、graduate を使って英訳してみよう。

一歩先の英文ライティング！

1. 長い徒弟期間のあと、彼はやっとその機械を扱える段階に進んだ。
2. その俳優は間もなくブロードウェイへの階段を駆け上がり、1977年に舞台デビューをはたした。
3. 彼女はまずマリファナの売人として身を起こし、そのあとにヘロインやコカインを扱うようになった。
4. その野球選手はマイナーリーグで10シーズンをプレイしたあと、ついにメジャーリーグにあがった。
5. はじめ彼女はバックコーラスを担当していたが、すぐにリードシンガーとなった。（※バックコーラス ＝ a backup

singer)

【解答例】

1. After a long period of apprenticeship, he finally *graduated* to using the machine.

2. The actor soon *graduated* to Broadway and in 1977 made his debut on the stage.

3. She started out by selling marijuana and then *graduated* to selling heroin and cocaine.

4. The baseball player finally *graduated* to the major leagues after spending 10 seasons in the minor leagues.

5. While she began her career as a backup singer, she quickly *graduated* to being a lead singer.

18 グラフィックだけじゃない → graphic

カタカナ語の「グラフィック」は、「グラフィック・デザイナー」や「グラフィック・アート」のように、日本語に定着している。しかし、英語の graphic には、これ以外にも比喩的な意味がある。ここでは、graphic の効果的な使い方を考えてみよう。

以下の例文を見てほしい。

> ***Graphic** videos of the battle show the dark side of life in that country.*
> (戦闘を伝える生々しい映像は、その国での生活の暗い部分を映し出している)

文頭にいきなり graphic が登場して、直感的に「グラフィックの、図表による、グラフ式の」といったお決まりの意味をイメージしてしまう人もいるかもしれないが、どれもこの graphic には当てはまらない。

graphic は「書く」を意味するギリシャ語を語源とし、「**(描写などが) 生々しい、詳細な**」という比喩的な意味にも発展した。『ルミナス英和辞典』には、「(特に不快なことの描写が) 生々しい、露骨な」とある。

確かに graphic は、暴力や悲惨な事故現場など、unpleasant（不快）な出来事について述べた文脈で目にすることが多い。

ほかの例を挙げる。

> ***Graphic*** videos and pictures of the dead dictator have been released.
> （死んだ独裁者の生々しい映像や写真が公開された）

このように、graphic は強く印象に残るような「生々しさ」をイメージさせる語だ。

また、次のような表現もよくインターネット上で見かける。

> Warning: These images are very ***graphic***
> （警告：画像は大変生々しいものです）

こういった警告は、現代の情報化社会の一端を映し出しているようだ。

では、次の和文を、graphic を使って英訳してみよう。

一歩先の英文ライティング！

1. 彼が語った性的虐待の模様は大変生々しいものだった。
   （※性的虐待 = sexual abuse）
2. このビデオには生々しい暴力シーンが含まれています。
3. 国王の病状は細かくありありと伝えられた。

4. その事故のニュース報道は非常に生々しく、テレビ局には視聴者から苦情がたくさん寄せられた。（※ so ... that構文を使うとよい）

5. 彼によるけがの生々しい描写には思わず引いてしまった。（※この場合の「引く」は、cringe [すくむ、縮み上がる] を使うとよい）

【解答例】

1. His descriptions of sexual abuse were very *graphic*.

2. This video contains some *graphic* violent scenes.

3. The illness of the king was described in *graphic* detail.

4. The news report of the accident was so *graphic* that the TV station received a number of complaints from viewers.

5. His *graphic* description of the injury made me cringe.

熱を発するだけじゃない
➡ heat

19

　毎年夏になると、intense heat（猛烈な暑さ）、あるいは scorching summer heat（焼け付くような夏の暑さ）といった表現がメディアをにぎわせる。ここでは名詞の heat に関連した表現を考えてみよう。

> He easily won his *heat* and advanced to the quarterfinals.
> （彼は予選を順当に通過し、準々決勝へと進んだ）

　この例文でおわかりのように、heat には「(トーナメントなどの)**予選**」や「**(予選の) 組**」という意味がある。では、なぜ heat が「予選」になるのか？　まずは、数ある heat の意味を整理してみよう。

　heat の一般的な意味としては、①「**(物体の) 熱**」（例：the *heat* of the sun [太陽熱]）、②「**天候の暑さ**」（例：the *heat* of Tokyo in August [8月の東京の暑さ]）、③「**火、火力**」（例：turn off/up the *heat* [(コンロの)火を止める／強める]）などがある。加えて特にアメリカ英語では、④「**暖房**」を表わす際に heat を使う（例：Turn the *heat* up/down. [暖房を強く／弱くしなさい]）。

　さらに押さえておきたいのが、⑤「**興奮、激情**」という意味だ。明らかに「熱」から派生した比喩的な意味で、In the *heat* of the moment, I told her to get out of here.（かっとなって彼女にここ

から出ていけと言った）といった文では、heat が話し手の「興奮度」を伝えている。また、ペット愛好家になじみのある heat の意味が⑥「(動物の) 発情期」だ。Our cat is in *heat*.（うちの猫は発情期だ）のように使われる（イギリス英語では on *heat*）。

　heat の意味を列挙してみると、なぜ、「予選」という意味で用いられるようになったのかがわかる。試合に勝つには、アドレナリン、つまり一種の「熱」が要求されるからだ。ちなみに、この意味の heat をインターネットで検索すると、圧倒的に「S（主語）+ easily won the *heat*」という型が数多くヒットする。

　このほか、口語的な用法もある。「プレッシャー」や「周囲からの重圧」という意味から、The *heat* is on.（状況は極めて厳しい）のように使われる。

　また、同じく口語で「非難」や「批判」の意味もある。アメリカの第 33 代大統領 Harry S. Truman の言葉とされる "If you can't stand the *heat*, get out of the kitchen."（批判に耐えられないのなら、今のうちに手を引いた方がよい）の heat は、「熱」が比喩的に転用され、「非難」を意味する。

　では、次の和文を、heat を使って英訳してみよう。

一歩先の英文ライティング！

1. 北島は第 1 次予選を難なく乗り切った。
2. 賃貸料には暖房費と水道代が含まれます。
3. かっとなって、私はつい言い過ぎてしまった。
4. 私は、暑さは気にならないが、湿気はだめだ。

5. 通常、ここは11月はそんなに寒くなく、暖房を入れるまでもない。

【解答例】

1. Kitajima easily won his first *heat*.

2. The rental rates include *heat* and water.

3. In the *heat* of the moment, I said too much.

4. I'm not bothered as much by the *heat* as I am by the humidity.

5. It's not usually cold enough in November here to turn the *heat* on.

20 動詞としても使われる ➡ land

　land というと、「陸」や「土地」といった名詞の意味が思い浮かぶが、動詞としても使われる。

　まず以下の英文を見てみよう。

> As one of the efforts to increase study abroad, this financial aid program is aimed at Japanese students who would otherwise be busy trying to *land* jobs amid the recession. (※financial aid ＝ 学資援助、amid the recession ＝ 不況のただ中で)
> (海外留学を促進する取り組みの一環として行なわれる今回の学資援助プログラムは、この不況下で職を得ることに手いっぱいになってしまうだろう日本人学生をターゲットにしたものだ)

　動詞の land は、「(自動詞) 上陸する ／ (他動詞) ～を上陸させる」が基本の語義で、それから派生した様々な意味を持つ。

　上の英文の land は、jobs を目的語に取る他動詞で、「職に就く」の「就く」という意味で使われていると推測できる。「就く」を英語で表現すると、一般的には get や find, 形式ばったところでは obtain, attain, capture などが思いつく。では、なぜ land が選択されているのか？

　『ルミナス英和辞典』に、「(仕事などを) 獲得する」、そして「(大

きな魚を）釣り上げる」という語義が載っているように、land には、**「困難で、かつ多くの人が求めるものを勝ち得る」**というニュアンスがある。したがって、この英文では land がぴったりなのだ。

さらに、いくつか例文を挙げる。

The Texas Rangers *landed* Japanese ace Yu Darvish.
（テキサス・レンジャーズは、日本のエース、ダルビッシュ有を獲得した）

I couldn't afford to go to college. But I want my son to get into a good school and *land* a job at a stable company.
（私は大学に行くことはできなかった。しかし、息子にはいい学校に入り、安定した会社の職を勝ち得てほしいと思う）

He *landed* a position with a security company, and quickly found himself rising into the supervisory ranks.
（彼は警備会社の職を得て、気が付けばあっという間に管理職に昇りつめていた）

Miyuki has finally *landed* her role in the feature film.
（美雪はついにその長編映画の役を射止めた）

最後の例文は、まさに「役を射止めた」という日本語がぴったりであろう。

ほかにも、land の目的語になる名詞には、contract, deal,

accountなどがあり、面白いところでは land a date with（〜とのデートをモノにする）という使い方がある。

では、次の和文を、land を使って英訳してみよう。

一歩先の英文ライティング！

1. その建設会社はその契約を取ろうと懸命に闘った。

2. 彼には中国語の才能があったので、給料のよい仕事に就いた。（※才能 = flair. his flair with Chineseを主語にすると英語にしやすい）

3. 彼は家族のコネで、大した能力はないにもかかわらず、その政治家との仕事を得ることができた。（※「大した能力はない」はhis poor qualificationsで表わせばよい）

4. 学校のダンス・パーティに誰かを誘いたいが、誰に声をかけていいかわからない。（※「学校のダンス・パーティに誰かを誘いたい」はland a date with someone for our school danceを使えばよい）

5. 彼は普通の大学に行っただけだが、一生懸命献身的に働いたことで、役員にまで昇りつめることができた。

【解答例】

1. The construction company fought hard to *land* the contract.

2. His flair with Chinese *landed* him a high-paying job.

3. His family connections allowed him to *land* a job with the politician in spite of his poor qualifications.

20 land

4. I want to *land* a date with someone for our school dance, but I can't think of anyone to ask.

5. Despite only having gone to an average college, he was able to *land* the executive position because of his hard work and dedication.

21 どんなリスト？
→ laundry list

　私たちの身の回りには、shopping list（買い物リスト），black list（注意人物リスト），to-do list（やることリスト）など、"〜list"という表現がたくさんある。では、laundry listという表現を知っているだろうか？　英語圏ではよく使われるのに日本人の英語学習者にはあまりなじみがないようだ。一体、何のリストなのだろうか？　洗濯物のリスト？

　ここではこの表現を「洗って」みることにする。

　以下の英文でlaundry listがどんな意味で使われているのか考えながら読んでみよう。

> The recently opened Skytree has become a popular tourist attraction with 5.5 million people having already visited the tower and commercial complex since its opening. Along with all these tourists, though, comes a *laundry list* of problems.
>
> （近頃オープンした東京スカイツリーは一躍観光スポットに躍り出て、タワーとその複合商業施設には、開業以来、合計550万の人々が訪れている。しかし、こうした観光客の増加に伴って、悩ましい問題も数多く起こっている）

21 laundry list

さて、laundry list の意味するものは何だろうか？

laundry に「クリーニング店」や「洗濯物」という意味があることはご存知だろう。これに list が付くと、ホテルなどの宿泊者用の「ランドリーリスト」を連想するかもしれない。ネクタイやシャツなど、洗濯を依頼するものをチェックして、洗濯物と一緒に出すリストだ。ここではそれが転じて「**詳細なリスト**」という意味で用いられている。

Webster's New World College Dictionary を引くと、"a lengthy, inclusive list of data, matters for consideration, etc., often one regarded as unorganized or showing a lack of necessary selectiveness" と定義されている。つまり、「長ったらしく、しばしば、適当に並べられている一覧表」のことだ。

さらに、laundry list of の of のあとには problems, complaints, risks など、望ましくないものが来ることが多いのがポイントである。「洗濯物の山」は面倒くささを想起させるからだろう。

ほかの例を見てみよう。

> The new manager has a *laundry list* of things that she needs to do.
> （新部長はしなければならない仕事が山ほどある）

このように laundry list を使って、仕事が山積みである状況を言い表わすこともできる。

では、次の和文を、laundry list を使って英訳してみよう。

一歩先の英文ライティング！

1. 彼女からのメールは不平不満の長々としたリストだった。
2. 私はこの新しいスマートフォンの問題点をいくらでも並べ立てることができる。
3. 彼のスピーチは首相への長ったらしい非難に過ぎなかった。
4. その商品の1回目の試作で、会社は修正しなければならない問題を山ほど見つけた。（※1回目の試作 = the initial trial）
5. 彼は投書箱を徹底的に調べて、従業員が対応してほしいと思っている問題を長いリストにまとめた。（※投書箱を徹底的に調べる = go through the suggestion box）

【解答例】

1. Her e-mail was a *laundry list* of complaints.
2. I can recite a *laundry list* of things wrong with this new smartphone.
3. His speech was just a *laundry list* of accusations against the prime minister.
4. After the initial trial of the product, the company had a *laundry list* of problems that needed to be fixed.
5. By going through the suggestion box, he compiled a *laundry list* of issues that employees wanted addressed.

リストとは関係ない!? → listless

22

　かつて同時通訳をしていた時、listless という語が出てきたことがある。list（表、一覧表）に接尾辞 -less が付いた単語なので、その時は何も考えずに「リストがない」と訳して、あとで話のつじつまが合わなくなり、慌てて訂正した経験がある。本セクションでは、そんなほろ苦い思い出がある listless の用法を考察する。

　listless がどんな意味合いで使われているのか考えながら、以下の例文を読んでみよう。

> Given the hard schedule he had kept over the last few months, it came as no surprise that he looked *listless* and didn't win the tournament.
> （ここ数カ月の過密スケジュールを考えれば、彼が精彩を欠き、トーナメントでも勝てなかったのは驚くことではない）

　list にはいくつかの同音異義語がある。よく知られているのは「表、一覧表」の意味がある list だ。

　一方、listless の list は、「強い欲求、望み」を意味する別の単語だ。「欲（list）が欠けている（-less）」が原義の listless は、「気乗りがしない」「無気力な、ものうげな」「大儀そうな」「元気のない」などという意味で使われる。

例を見てみよう。

> It is hoped that the recent measures will pump life into the country's currently *listless* economy.
> (新たな方策がその国の停滞中の経済に活力を注入することが期待される)
>
> *Listless* for months after the disaster, the grieving father thought about killing himself.
> (悲しみにくれた父親は、あの災害のあと、何カ月もふさぎ込み自殺すら考えた)

では、次の和文を、listless を使って英訳してみよう。

一歩先の英文ライティング！

1. 彼女は朝、目を覚ましたが、疲れて気力をなくしていた。
2. 夏の暑さのせいで、近頃私はかなりやる気がなくなっている。
3. 長時間のフライトのあと、彼は急に倦怠感を覚え、あまり食べなかった。
4. その女性はかなりの脱力感があったため、抱えている仕事からの集中を途切れさせないためには相当の努力を要した。
5. 長期休暇後で、新入生はかなり無気力になっていたので、教授は彼らのやる気を高めるのにずいぶんと苦労した。（やる気を高める ＝ motivate）

【解答例】

1. She got up in the morning, tired and *listless*.

2. The summer heat has made me feel rather *listless* recently.

3. After a long flight, he suddenly felt *listless* and didn't eat much.

4. Feeling rather *listless*, the woman needed to work hard to stay focused on what she was doing.

5. After a long vacation, the new students were feeling rather *listless* and the professor had a hard time motivating them.

23 償う、(汚名を) そそぐ → live down

live の句動詞では live on (〜を主食とする) や live up to (〜に従って行動する、[期待などに] 添う) などがよく使われるが、ここでは live down を使った効果的な英語表現を考えてみよう。

以下の例文を見てほしい。

> **Mitt Romney cannot seem to *live down* the accusation of being a flip-flopper.** (※flip-flopper＝主張をころころ変える人、風見鶏)
> (ミット・ロムニー氏は、「風見鶏」の汚名を払拭できそうにない)

live down の意味をつかめただろうか？

live down は、「**(不名誉・罪・過失などを) 償う、(汚名を) そそぐ**」(『ルミナス英和辞典』) という意味で、普通は否定文で使われる。

さらに例を見てみよう。

> **You'll never *live down* the scandal.**
> (きみはその不祥事を決して消し去ることができないだろう)
>
> **My wife will never let me *live* this one *down*.**
> (妻は決して僕に今回の件を償わせてはくれないだろう)

下の文の場合、目的語の this one は短いので、live down のあいだにきている。

また、上の2つの例文からわかるとおり、live down は never とあわせて否定文で使われることが多い。

次の例文では、実質的には否定の表現になる修辞疑問文において live down が使われている。

> How can the candidate possibly *live down* her past?
> （この候補者は、どうやって過去［の汚名］を返上できるのだろうか？）

では、次の和文を、live down を使って英訳してみよう。

一歩先の英文ライティング！

1. 首相はあの失言を決して帳消しにはできないだろう。（※失言 = slip of the tongue）
2. その強打者は薬物で出場停止となった汚名をはらさなければならない。（※薬物で出場停止 = a drug suspension）
3. おまえが一族に与えた汚名を払拭するには長い年月がかかるだろう。
4. 仲間の間で、彼は授業中に先生の名前を間違えてしまったことをいつまでも言われつづけた。（※「先生の名前を間違えたあの時を消し去ることができない」と考えればよい）
5. そのサッカー選手は、決勝戦の延長でオウンゴールをしてしまったミスを決して拭うことができないと感じた。（※決勝

戦 = the championship game)

【解答例】

1. The prime minister will never *live down* that slip of the tongue.

2. The slugger has to *live down* the disgrace of a drug suspension.

3. It will take a long time for you to *live down* the disgrace you brought on our family.

4. Among his friends, he was never able to *live down* the time he called his teacher by the wrong name in class.

5. The soccer player felt he would never *live down* scoring an own-goal in overtime of the championship game.

期待する、注意する
➡ look to

24

　lookにも、look atやlook up/downなど、たくさんの句動詞がある。そのうちの1つに、look toがある。この句動詞はニュースではよく見かけるが、それほど知られていないように思う。

　以下の英文を見てほしい。

> The renowned author says he felt the limits in sending out messages to the world in paper only, so he *looked to* online distribution.
> (その著名な作家は、世界に向けて紙媒体だけでメッセージを伝えるのには限界があると感じ、オンライン配信に期待を寄せたと語る)

「look (意識して見る) + to (〜方向への)」という組み合わせから、look toが「〜のほうへ視線を向ける、〜のほうを見る」という意味になることは容易に想像できる。そこから発展して、以下のような様々な意味で使われる。

① 「〜に期待する、〜を当てにする」

　The executives *look to* increase in sales once the economy improves.
　(役員たちは景気の回復で売り上げも伸びると期待している)

② 「〜に気を配る、〜に注意する、〜を監視する」

Look to your personal belongings.

(お手まわり品にご注意ください)

③ 「(家などが) 〜に面する」

The hotel **looked to** the south.

(そのホテルは南に面していた)

　冒頭の英文の look to は①の意味で、「期待はずれに終わる可能性もあるが、頼りにする」というニュアンスがある。この用法は主に、look to A to do B(A が B するのを期待する)と、look to A for B(A に B を期待する) の2つの型で使われる。

She **looked to** him for help.
(彼女は彼に助けてもらえることを期待していた)
※助けてもらえなかった可能性もある。

She **looked to** me to help her.
(彼女は私に助けてもらえることをあてにしていた)

Architects have long **looked to** nature for inspiration.
(建築家はずっと自然にインスピレーションを求めている)

Hollywood has begun **looking to** social media as a distribution platform.
(ハリウッドはソーシャル・メディアが映画を広める[新たな]舞台になると期待するようになってきた)

24 look to

いずれも期待して目を向けていることがわかる。

では、次の和文を、look to を使って英訳してみよう。

一歩先の英文ライティング！

1. 彼女はお金が必要な時にはいつも裕福な祖母に頼っていた。
2. 彼らは新しいリーダーにギャングの一掃を期待している。（※一掃する = round up）
3. その学校は西を向いていた。
4. その会社は、新しいCEOが最近のトラブルから社を立ち直らせてくれると期待している。
5. そのチームは、スター選手がシーズンの流れを変えてくれると期待している。（※シーズンの流れを変える = turn their season around）

【解答例】

1. When she needed money, she always *looked to* her rich grandmother.
2. They are *looking to* the new leader to round up the gang.
3. The school *looked to* the west.
4. The company is *looking to* the new CEO to help it rebound from its recent troubles.
5. The team is *looking to* its star player to turn their season around.

25 ページが同じだけじゃない
→ on the same page

「教科書の8ページを開きなさい」は、Open your textbook on page 8. でよいだろうか？ それとも at page 8？ あるいは to page 8？

この場合、on は不可で、正解は to（アメリカ英語）、もしくは at（イギリス英語）だ。そこで思い出したのが、本セクションで取り上げる on the same page という表現である。

on the same page がどんな意味で使われているのか考えながら、次の英文を読んでみよう。

> The United States Secretary of State said Moscow and Washington were *on the same page* in believing that the political prisoner's ouster "may either be inevitable or necessary" for a political solution.
> （アメリカの国務長官は、米露両政府ともその政治犯の国外追放は、政治的解決のために「不可避か、もしくは必然であろう」と考えている点では一致していると述べた）

on the same page という表現は、「同じページ上に」という文字どおりの意味が転じて、「同じように考えている」「意見が一致している」という意味で使われる。

25 on the same page

> As they left the trade negotiations, representatives of both countries assured the press that they were *on the same page* with respect to all the important issues.
> (貿易交渉を終えるにあたり、両国の［通商］代表は、あらゆる重要問題について両国とも共通認識の上に立っているとマスコミに念を押した)

on the same page は、しばしば次のように否定形でも使われる。

> Those countries really do make a difference because politically they're not always *on the same page*.
> (こうした国々は、政治的に同じ立場にあるわけではないので、確かに異なる点は多くある)

では、次の和文を、on the same page を使って英訳してみよう。

一歩先の英文ライティング！

1. 彼女は部下が共通の認識を持ち続けるようにかなり努力した。
2. バンドの中で、主に作詞・作曲を手がけてきた2人のメンバーの考えが一致することはもはやなかった。（※バンドの中で、主に作詞・作曲を手がけてきた2人 = two main songwriting forces of the band）

3. 金融政策に抜本的な変革を行なうということの重要性に関しては、首相は財務相と同じ認識を共有しているようにみえた。

4. あの2選手はいつもよく息が合っているが、この試合に関してはそうではなかったようだ。（※「息があう」はplay well togetherで表現すればよい）

5. 経営チームは最初は対立したが、大きな会議を経て意見が一致することになり、会社もよい方向に向かい始めた。（※「よい方向に向かう」は、turn aroundを使うとよい）

【解答例】

1. She tried very hard to keep her staff members *on the same page*.

2. The two main songwriting forces of the band were no longer *on the same page*.

3. The prime minister appeared to be *on the same page* as his finance minister on the importance of drastically changing monetary policy.

4. While the two players usually played well together, in this game they just were not *on the same page*.

5. The management team had initially struggled, but after the big meeting the members were all *on the same page* and the company began to turn around.

音楽以外の分野でも使われる
⇒ orchestrate

26

　orchestra（オーケストラ）の動詞形である orchestrate という単語をご存知だろうか？　意味はもちろん「（オーケストラ用に）作曲・編曲する」だ。ところが、この動詞は音楽を離れた文脈でも比喩的に使われることがある。本セクションでは、orchestrate の興味深い用法を取り上げる。

　次の英文を読み、orchestrate の意味を考えてみよう。

> The politician firmly believes that his public undoing over false criminal charges was ***orchestrated*** by his opponents. （※undoing = 破滅、失脚）

　日本語訳を見る前に、少し説明しよう。

　orchestrate が音楽以外の分野で使われる時は、「（最大の効果を上げるように）〜を調整する」といった意味で使われる。様々な楽器の音を1つの音に統合するオーケストラのイメージから派生したと思われる。

　ところが、この動詞には「（よからぬこと・悪事を）巧みに画策する、仕組む」という、ネガティブな用法で使われることが多い。『ルミナス英和辞典』には、「[時にけなして]（巧みに、こっそり）…を計画

する、仕組む」という定義がある。特に私利私欲に走る政治家や政治に関するニュースでしばしば使われる。

　よって、この文の意味は、「その政治家は、虚偽の刑事告発による自身の失脚は、政敵により巧みに仕組まれたものだと確信している」となる。

　ほかにも例を見てみよう。

> **The U.S. government *orchestrated* the 911 attacks.**
> （911同時多発テロは、アメリカ政府の自作自演だった）

　2002年から2009年ぐらいには、こうしたセンセーショナルな言い方をよく目にした。

　次の例はどうか？

> **He angrily denied the firm's claims that he is *orchestrating* a campaign encouraging his coworkers not to listen to their manager.**
> （同僚に部長の言うことには耳を貸さないようにとけしかけている という会社の主張に対し、彼は怒りをあらわに否定した）

　このorchestrateからは、「裏で糸を引いている」というニュアンスが伝わる。

　もう1つ見てほしい。

26　orchestrate

> A committe examining the accounting scandal at the global company believes an elaborate scheme to cover up $2.3 billion of investment losses was *orchestrated* by a small group of executives.
> （そのグローバル企業の不正会計事件の調査委員会は、23億ドルの損失を粉飾決済した巧妙な隠ぺい計画はごく少数の役員によって画策されたと考えている）

elaborate と orchestrated が意味の上でハーモニーを奏でているといえる。良きにつけ悪しきにつけ、人間は社会の様々な場面で物事を orchestrate しながら生きているのかもしれない。

では、次の和文を、orchestrate を使って英訳してみよう。

一歩先の英文ライティング！

1. 行事のすべてを画策した［取り仕切った］のは小沢氏だった。
2. 一連の画策された爆破がタイ南部を震撼させた。
3. その運動は大統領が労働団体を使って糸を引いていたと噂されている。
4. その抗議活動は自然発生的に起きたように思えたが、実際には関係者の１人によって周到に計画されたものだった。
5. 政敵を葬るために彼がはたした役割は、決して表には出てこなかった。（※「政敵を葬ることを計画するうえで彼がはたした役割」と考えるとよい。葬ること ＝ demise）

【解答例】

1. It was Mr. Ozawa that *orchestrated* the entire event.

2. A string of *orchestrated* explosions rocked southern Thailand.

3. It is said that the President used the labor unions to *orchestrate* the movement.

4. While the protest seemd to be spontaneous, it had actually been carefully *orchestrated* by one of those involved.

5. His role in *orchestrating* the demise of his political opponent was never revealed.

動詞としても使われる
➡ pale

27

　pale という単語を「青白い、真っ青」と「色」と関連づけて覚えている人が多いだろう。しかし pale には、その意味から派生した興味深い動詞の用法がある。ここでは、それを考えてみよう。

　以下の例文の pale は、どんな意味で使われているだろうか？

> His fortune *pales* by comparison with that of Ms. Sato, the owner of one of the world's largest media conglomerates.
> （彼の財産も、世界有数のメディア・コングロマリットの経営者である佐藤氏のそれと比べれば、大したものではない）

　形容詞の pale には「(顔が) 青白い」という意味のほかに、「(色が) 薄い、(光が) 弱い」などの意味がある。しかし、この文の pale は動詞だ。動詞の pale の基本的な意味は「(主語が) 青ざめる」だが、さらに発展して「(～と比べて主語は) 大したことはない、見劣りする」という比喩的な意味でも使われる。

　この場合、①〈pale in/by comparison（with/to ＋目的語）〉、②〈pale beside [before/next to] ＋ 目 的 語〉、③〈pale into insignificance beside ＋ 目的語〉といった形で、比喩を表わすことが多い。

　例を見てみよう。

27 pale

> **The Android Market *pales* in comparison to Apple's App Store with respect to the number of apps available to users, but that doesn't mean the quality of the apps on Android Market is lower than the quality of those on Apple.**
> (アンドロイド・マーケットは、アップルのアップ・ストアに比べると、ユーザーが利用できるアプリの数で見劣りがする。しかし、だからと言って、アンドロイド・マーケットのアプリがアップルのものに比べて質が落ちるというわけではない)

　これはスマートフォン市場で後発のアンドロイドのアプリをアップルのものと比較して述べたものである。

　もう1つ例を挙げる。

> **The six million followers that the actress has *pales* next to the young rock star's record-breaking ten million followers.**
> (その女優は600万人のフォロワーを持つが、あの若いロックスターの記録的な1000万人というフォロワー数と並べると見劣りがする)

　では、次の和文を、pale を使って英訳してみよう。

27 pale

一歩先の英文ライティング！

1. あれと比べればほかのすべてのものは大したことはない。（※pale next toを使ってみよう）

2. 私の学問上の業績は、あなたの業績に比べればちっぽけなものだ。（※pale into insignificance besideを使ってみよう）

3. 日本女子サッカーの予算は、男子のものと比べるとはるかに少ない。（※ pale in comparison toを使ってみよう）

4. その選手の才能は並外れたものだが、チームのスター選手と一緒にフィールドでプレーすると、見劣りした。（※「その選手の才能は並外れたものだが」は、The player's talents, while exceptional, といった言い方をするとよい）

5. その会社役員の罪は大変なものであるが、あの政治家のスキャンダルが明るみに出てから伝えられたものと比べると、大したことではなかった。（※「罪」はtransgressionsを用いるとよい）

【解答例】

1. Everything else *pales* next to that.

2. My academic achievements *pale* into insignificance beside yours.

3. The budget for the Japanese women's soccer team *pales* in comparison to the budget for the men's team.

4. The player's talents, while exceptional, *paled* when he was on the field with the team's star.

5. The executive's serious transgressions *paled* in comparison to what was learned about the politician once the scandal came to light.

28 悲しい運命を伝える ➡ perish

　perish という単語を聞くと、"Publish or perish"（論文を書きなさい、さもないと消え去るのみだ）というフレーズを想起して、大学の教員の中にはドキッとする人がいるそうだ。しかし、ニュース記事で使われる perish はもっと深刻だ。本セクションではその perish の核心に迫る。

　次の英文を読んで、perish がどんな意味で使われているのか考えてみよう。

> 120 people have *perished* in an avalanche on Alaska's Mount McKinley, including four Japanese climbers.
> （4人の日本人登山家を含む120名がアラスカ州のマッキンリー山で雪崩に巻き込まれて命を落とした）

　perish は、「per（完全に）＋ ish（行く）」というラテン語が語源で、「滅亡する、絶滅する、死亡する、壊滅する」など様々な意味がある。そして英語学習者の多くは、「文明が滅亡する」（例：No one knows exactly why the ancient Mayan civilization *perished*.［古代マヤ文明がどうして滅亡したか、誰も知らない］）、「恐竜が絶滅する」（例：They put out a new theory on why the dinosaurs

perished.［なぜ恐竜は絶滅したかを論じる新しい説が提出された］)
というように、何か大がかりなものが「消えてなくなる」というイメージでこの単語をとらえる傾向がある。

しかし、前ページの例文からもわかるとおり、必ずしもそうとは限らない。一個人が「**(暴力や窮乏、事故などの外的な要因により)非業、もしくは突然の死を遂げる**」という意味でも用いられる。

別の例も見てみよう。

Seven children *perished* in a fire in their Brooklyn home over the weekend.
(7人の子供たちが週末、ブルックリンの自宅で起きた火事で焼け死んだ)

Most of his family *perished* in the Holocaust.
(彼の家族のほとんどがホロコーストで亡くなった)

では、次の和文を、perish を使って英訳してみよう。

一歩先の英文ライティング！

1. 4人の子供がその衝突事故で非業の死を遂げた。
2. 武装した男が自動小銃を発砲し、12人が死亡した。
3. クリスマスの朝に起きた痛ましい火事で、3人の幼い姉妹とその祖父母が命を落とした。
4. 長年極貧生活を送ったあと、彼は家族や友人に見とられることなく、1人自宅で亡くなった。

5. 壊滅的なハリケーンで命を落とした人の遺体が今も倒壊したビルから引き出されている。

【解答例】

1. Four children *perished* in that collision.

2. Twelve people *perished* when an armed man opened fire with a submachine gun.

3. Three young sisters and their two grandparents *perished* in a horrific blaze on Christmas morning.

4. After living in extreme poverty for years, he *perished* alone in his home with no family or friends around.

5. Bodies of people who *perished* in the deadly hurricane are still being pulled from collapsed buildings.

日本語の「ピッチ」ではない？ → pitch

29

「ピッチ」というカタカナ語は、「(酒を飲む) ピッチが速い」や「(音程の) ピッチが高い」といった具合に使われる。しかし、この「ピッチ」は英語の pitch の意味とまったく同じというわけではない。ここでは pitch の用法を見てみよう。

次の英文を見てほしい。

> He recently visited a junior high school in Tokyo after gym class and made a *pitch* for his beverage to 25 first-year students.
> (彼は最近、東京のある中学校を訪問し、体育の授業を終えた1年生25人に、彼が作った飲み物を宣伝した)

さて、pitch の意味は取れただろうか？ この単語には、名詞用法の「投げること」や、動詞用法の「〜を投げる、ほおる」(例：pitch a ball [ボールを投げる])、「(テントなどを) 張る」(例：pitch a tent) をはじめ、多くの意味がある。

その中でも、ニュース記事では、「**宣伝、売り込み**」(名詞)、「**宣伝する、売り込む**」(動詞) という意味でよく使われる。

上の例文では、make his pitch という形で、名詞として用いられている。

例文を挙げよう。make *one's* pitch という表現にも注意してほしい。

Hanako *made her pitch* for the job after Taro quit.
(太郎が辞めたあと、花子はその後釜に自分を売り込んだ)

He *made his pitch* to her to sign the contract.
(彼は彼女を説得して契約書に署名させようとした)

次に、pitch が動詞として使われている例を見よう。

Sales representatives went to China to *pitch* the company's new products.
(営業マンたちは中国に新製品を売り込みに行った)

A new internet site has set out to make publishing books easier. Instead of trying to convince a publisher, authors will *pitch* ideas directly to readers.
(本の出版が簡単にできる新たなインターネット・サイトが立ち上がった。出版社を口説く代わりに著者たちは自分の構想を直接、読者に売り込むことになる)

最後に関連語句を1つ。sales pitch は「巧みな売り込み」のことで、「説得の議論」の意味もある。sales talk と同義だ。

29 pitch

> The manager made a *sales pitch* for his company's soon-to-be-released merchandise.
> (部長は彼の会社がもうすぐ発売する商品を巧みに売り込んだ)

では、次の和文を、pitch を使って英訳してみよう。

一歩先の英文ライティング！

1. 東京都はオリンピックを開催するための売り込みを行なった。
2. ジェフは昼食を取りながら彼の新しい考えを私に売り込んできた。
3. ジムが部長に新しいポストへ自分を売り込んでいるのを耳にした。
4. 私たちは会議で彼らにアイデアを投げかけたが、うまくいかなかった。（※うまくいかない →成果は上がらない = go nowhere）
5. 彼は商談目的で僕らを夕食に誘った。（※so (that) he could...の構文を使うとよい）

【解答例】

1. Tokyo made a *pitch* to host the Olympic Games.
2. Jeff *pitched* his new idea to me over lunch.
3. I heard Jim making a *pitch* for a new position to the manager.

29 pitch

4. We tried to *pitch* them the idea in the meeting, but we got nowhere.
5. He invited us to dinner so he could give us his sales *pitch*.

何を植えつける？
➡ plant

30

「植える」を英語で言う場合、真っ先に plant という動詞が頭に浮かぶ。しかし、植えるものが「植物」以外だったら、この動詞の意味はどうなるだろうか？

本セクションでは、こうした観点から plant の用法を探る。

planted がどんな意味で使われているのか考えながら、以下の英文を読んでみよう。

> Police believe they have found video of the men who *planted* the deadly bombs at the 2013 Boston Marathon.
> (警察は、2013年のボストン・マラソンで破壊力の大きな爆弾を仕掛けたとみられる男性が映っている映像を入手したとしている)

動詞 plant には一般的に「(植物を) 植える」「(種を) まく」、さらに「〜を据え付ける」といった意味がある。しかし、目的語に「物騒な [危険な] もの」がくる場合は、「**(爆発物、盗聴器などを) こっそり仕掛ける**」という意味になることをご存知だろうか？

上の英文の plant は、目的語が the deadly bombs（破壊力の大きな爆弾）なので、この意味で使われている。この用法は、「(植物などを) 土の中に植える」が、「(わからないように) 隠す (hide, conceal)」という比喩的な意味に発展したものである。人目に触れないように隠すのは見られてはいけないものであるため、通例、目的語になるのは反社会的で非合法的なものになるわけだ。

次のような使われ方もする。

The police said that they were still unsure exactly where the bombs had been *planted*.
（爆弾がどこに仕掛けられたか、依然としてはっきりしないと警察は語った）

つづいて「爆弾」以外の目的語の用例を示す。

Last year hackers attacked computers in India's naval systems and *planted* a bug that sent top secret information outside of India.
（昨年、ハッカーたちはインド海軍の［コンピュータ・］システムを攻撃し、機密情報を国外に送信するウィルスを仕掛けた）

このように「ウィルス（bug）をコンピュータに潜ませる」という場合にも plant は使われる。ネットワーク内部にわからないようにこっそり「植え込む」というイメージだ。

では、次の和文を、plant を使って英訳してみよう。

30 plant

一歩先の英文ライティング！

1. そのテロリストは1987年に民間機に爆弾を仕掛け、115人の命を奪った。
2. 彼らは情報をさらに入手するため、その大臣の執務室に盗聴器を仕掛けた。
3. 警察は彼が航空機の頭上荷物入れに、プラスチック爆弾を仕掛けたとみている。
4. サイバー・テロリストたちは政府のコンピュータ・システムを攻撃し、遠隔地から機密文書にアクセスできるスパイウェアを仕掛けた。（※機密文書 = highly classified document）
5. 工作員は、その女性外交員の居場所がいつでもわかるように、彼女の車に位置情報装置を付けた。

【解答例】

1. That terrorist *planted* a bomb on a civilian aircraft in 1987, killing 115 people.
2. They *planted* a bug in the minister's office to get more information.
3. Police believe that he *planted* the plastic explosives in an overhead compartment of the plane.
4. The cyber terrorists hacked [compromised] the government's computer system and *planted* spyware that would allow them to access highly classified documents from

remote locations.

5. The agent *planted* a tracking device in the diplomat's car, so he could find her at any time.

切り抜ける、生き延びる
➡ pull through 31

　句動詞には、構成する単語から、比較的容易にその意味が類推できるものがある。pull through もその1つだ。

　次の英文を読み、pull through がどんな意味で使われているのか考えてみよう。

> The actress was such a legend and had been through so many close calls with her health that it seemed almost impossible that she would not ***pull through*** once again.
> (その女優はかくも伝説的存在であり、これまでも健康面での危機的状況を幾度も乗り越えてきたので、そんな彼女が今回の災難を切り抜けられないのはほとんどありえないと思えた)

　so ～ that ... 構文を取っていることに注意してほしい。

　pull は、pull apart, pull away, pull into, pull out など、実に様々な句動詞を作る。しかも、各単語から意味の類推が効くものばかりだ。

　pull through も例外ではなく、「pull（引く、抜く）＋ through（～を通り抜けて）」から、**「切り抜ける、生き延びる」**という意味を連想できるだろう。

　日本語で風邪が完治することを「風邪が抜ける」と言うが、pull

through の場合は、「病気や事故などで、一時は危機的な状態・状況に陥ったが、何とか持ちこたえてそれを切り抜ける」というニュアンスを伴う。他動詞の用法もあるが、ほとんどの場合、自動詞として用いられる点を押さえておこう。

別の例文を挙げよう。

> If we're patient and understanding, we'll p*ull through* today, and the weekend will give us time to get back to order.
> (耐え忍び、分別を持てば、今日は乗り切れるだろう。そして週末には普段通りの生活に戻る余裕もできるだろう)

「一時的な危機状態を切り抜ける」という pull through のニュアンスがつかめたのではないだろうか？

では、次の和文を、pull through を使って英訳してみよう。

一歩先の英文ライティング！

1. その患者は奇跡的に回復した。
2. 不況にもかかわらず、彼の会社はその困難をなんとか切り抜けることができた。
3. 日本は困難な状況にあるが、戦後の復興期と同様に乗り越えるだろうと私は確信する。
4. 力強いリーダーがいたので、会社は困難な状況を切り抜けた。（※pull through the difficult times [困難な状況を切り抜ける] を使ってみよう）

5. 彼は高熱を出しており私たちは心配だったが、医師はきっとよくなるだろうと安心させてくれた。

【解答例】

1. The patient *pulled through* miraculously.

2. Despite the recession, his firm managed to *pull through*.

3. Japan is in a serious trouble, but I'm sure it will *pull through* as it did during the postwar reconstruction period.

4. The company was able to *pull through* the difficult times because it had a strong leader.

5. While we were worried about him because of his high fever, the doctor assured us that he would *pull through*.

32 〜のせいと考える → put down to

　put は get や make などと並んで、多くの句動詞を作る。実際、put in, put off, put on, put out など、多くの句動詞が思い浮かぶだろう。

　そんな数多い put の句動詞表現から、今回は put に down（副詞）と to（前置詞）が付いた他動詞 put down to の用法を取り上げる。

　例文を見てみよう。

> The weatherman *put* the temperatures *down to* a high pressure center in the atmosphere.
> （気象予報士によると、今回の異常高温は、上空で高気圧の中心が通るからだという）

　put A down to B は、通例 put のあとに「事情（物事）」などを、to のあとに「原因」を置き、「A を B のせいと考える」という意味になる（ただし、B に「人」は来ない）。

　「〜のせい」ということから、ネガティブな意味にとらえがちだが、「〜のおかげ」というポジティブな解釈が成り立つ場合もある。たとえば、

> The team *put* their victory *down to* teamwork.
> （そのチームは勝利がチームワークのおかげだと考えた）

といった言い方をする。

さらに例文を挙げる。

> The manager *put down* the improvement of the company *to* his staff's continued efforts.
> (部長は会社の業績改善は社員のたゆまぬ努力のおかげであると考えた)
>
> The police *put* the accident *down to* the bad road condition at that time.
> (警察は事故の原因がその時の劣悪な道路状況にあるとした)
>
> I *put* his irritability *down to* his ill health.
> (彼の怒りっぽい性格は、健康障害のためだと考えた)

このほかにも、いやな出来事などを「いい経験だったと思うようにする」の意味で、

> Just *put* it *down to* experience.
> (それを経験と思いなさい→それを今後に生かしなさい)

のような使い方をすることもある。

では、次の和文を、put down to を使って英訳してみよう。

一歩先の英文ライティング！

1. 彼女は気分の浮き沈みを更年期のせいだと思った。（※浮き沈み ＝ mood swings, 更年期 ＝ menopause）
2. たぶんそれは彼の育てられ方によるんじゃないかな。
3. チームが勝てたのは運がよかっただけだと監督は考えた。
4. その建設会社は、自分たちが入札できなかったのは、計画が不十分だったからだと考えた。（※入札 ＝ bid）
5. その学生は成績不良は自分の勉強不足が原因だと思った。

【解答例】

1. She *put* her mood swings *down to* her menopause.
2. You can probably *put* it *down to* how he was brought up.
3. The manager *put* his team's victory *down to* sheer good luck.
4. When the construction company lost the bid, they *put* it *down to* poor planning.
5. The student *put* his poor grades *down to* a lack of studying.

単に延期するだけじゃない
➡ put off

33

　句動詞の中でも日本人によく知られているのが put off だろう。受験にも頻出するからか、著者が教えている大学生たちも手慣れたもので、put off と聞くと、即座に「延期する」と多くの者が答える。とはいえ、単に機械的に暗記しているだけなのでは、と思わされることもある。本セクションでは「put off ＝ 延期する」という公式を掘り下げる。

　では、以下の英文を put off のニュアンスを考えながら読んでみよう。

> Stalking has become a focus after police ***put off*** a stalking complaint so that they could go on vacation only for the victim's mother and grandmother later to be found slain.
>
> （※stalking complaint ＝ ストーカーについての被害届け、slain（slay の過去分詞）＝ 殺害する）
>
> （ストーカーに対する関心が集まることになったのは、警察が休暇を取りたいがためにストーカー被害を訴えた被害届の受理を先送りし、その結果、被害者の母親と祖母が殺害されることになったからである）

　この put off は、「離れたところに（off）置く（put）」が核となり、「延期する、先送りする」などの訳があてられるが、「put off ＝ 延期

する」と覚えておくだけでは不十分だ。こんな時は英英辞典を引いてみよう。

Longman Dictionary of Contemporary English は、"to delay doing something or to arrange to do something at a later time or date, especially because there is a problem or you do not want to do it now" という定義がある。つまり、単に「延期する」だけではなく、「**問題があったり、気（分）が乗らなかったりして実行を遅らせる**」という含みがあるのだ。

put off はことわざにも使われる。

> Never *put off* till tomorrow what you can do today.
> （今日できることを明日に延ばすな）

次のようにも使う。

> We were compelled to *put off* a decision.
> （その決定を見送らざるをえなかった）
>
> The dam was judged to have little public benefit, and construction was *put off*.
> （そのダムは公益性が低いと判断され、建設が見送られた）

ついでながら、put off には「遅らせる」以外にも、「～の興味を失わせる」「～をいやにさせる」などの用法もある。

33　put off

> That terrible accident *put* her *off* driving.
> (そのおそろしい事故によって、彼女は運転に対する興味をなくした)
>
> His strong body odor *put* me *off*.
> (彼の強烈な体臭にうんざりした)

では、次の和文を、put off を使って英訳してみよう。

一歩先の英文ライティング！

1. その先生はテストを1週間延ばしにした。
2. 彼の顔を見るとうんざりする。
3. 疲れ果てていたので、私は結論を先送りした。
4. 政府は教育に関する新しい法案の提出をもう１年間先送りにした。
5. その外科医は手術を延期せざるをえなかった。患者の血圧が危険なほど高かったからだ。

【解答例】

1. The teacher *put off* the test for a week.
2. His face really *puts* me *off*.
3. I was tired out, so I *put off* the decision.
4. The government has *put off* proposing a new bill on education for another year.
5. The surgeon had to *put off* the operation because the patient's blood pressure was dangerously high.

34 元には戻らない
➡ ratchet up

　学生時代に大型バイクを乗り回していた筆者にとって、ボルトやナットの取り付けに使うラチェット・レンチ（ratchet wrench）は整備の時に重宝した思い出のツールである。本セクションでは、そのratchetから派生したratchet upという句動詞の用法を解説したい。

　次の英文のratchet upがどんな意味で使われているのか考えながら読んでみよう。

> The Japanese government *ratcheted up* tensions by purchasing three of the islands from a private owner on Sept. 11.
> （日本政府がその諸島のうち3島を個人所有者から9月11日に購入したことで、緊張が高まった）

　少し長めの文だが、英文の構造は平易だ。ここでのratchetは動詞だが、まずは名詞の意味から確認してみよう。名詞では「（歯車の逆転を防ぐ）追い歯、（一方向に回転する）つめ車」を意味する。しかし、言葉での説明には限界があるので、インターネットなどでその写真を見て確認しよう。

　さて、そのratchetが動詞になり、upが付くと、「（物事を）徐々に上げる」という意味になる。

そこで Concise Oxford Dictionary で ratchet up を引くと、"cause something to rise as a step in an irreversible process" という定義が見つかる。つまり、ラチェット・レンチでカチャッと歯車のつめを上げるように「元には戻らない」(irreversible process) という含みがあるのだ。

例を見よう。

> **TEPCO will *ratchet up* their efforts to decontaminate water in the area.**
> (東京電力は域内で放射能汚染水から放射性物質を除去する作業を一層本格化させる)

ratchet up で、作業の「ギア」がぐっと上がった感じが伝わる。さらに例を挙げる。

> **To *ratchet up* math and science achievement in American schools, the President announced a plan to create a Science, Technology, Engineering, and Math (STEM) Master Teacher Corps.**
> (大統領は、アメリカの学校での数学・科学の成績強化を目的に科学、テクノロジー、エンジニアリング、数学（略称STEM）の教育を担当する教員団体を設立する計画を発表した)
>
> **He *ratcheted up* his criticism of the manager on the issue.**
> (その問題に関して、彼は部長への批判を一段と強めた)

２番目の例文のように、批判の「度合い」を高める場合にも ratchet up が使える。

ここで取り上げたすべての例文に「後戻りができない」というニュアンスがあることをおわかりいただけただろうか？

では、次の和文を、ratchet up を使って英訳してみよう。

一歩先の英文ライティング！

1. 彼らは候補者たちに一層のプレッシャーをかけようとしている。

2. 中国全土で起きた反日デモは、２国間の緊張を高めることになった。

3. 日本の音楽業界は、音楽やビデオの違法ダウンロードへの抗議の度合いを一段と高めた。（※抗議の度合い ＝ the pace of their complaints）

4. 年頭に定めた目標を達成するためには、その会社は生産量を増やしていく必要がある。

5. 市長からの圧力で、警察はその強盗事件に関する捜査を強化した。（※強盗事件 ＝ robbery）

【解答例】

1. They are *ratcheting up* pressure on the candidates.

2. Anti-Japanese demonstrations across China *ratcheted up* tensions between the two countries.

3. Japan's music industry *ratcheted up* the pace

34 ratchet up

of their complaints about illegal downloading of music and videos.

4. The company needs to *ratchet up* production if they are going to hit the goal they set for themselves at the beginning of the year.

5. Because of pressure from the mayor, the police have *ratcheted up* the investigation into the robbery.

35 一緒に座るだけじゃない
→ sit down with

　本セクションではニュースでも頻繁に見かけるようになった sit down with（with の省略もある）という表現を考えてみよう。

　まず sit down with がどんな意味で使われているのか考えながら、以下の例文を読んでみよう。

> If the current conflict continues to escalate, conditions in the area will begin to deteriorate. The only way to avoid this situation is for the United States to *sit down with* the countries involved and formulate a solution.
>
> （現在の対立がエスカレートし続けるのなら、その地域の状況はさらに深刻なものへと悪化し始めるであろう。そうした状況を避けるためにアメリカが取れる唯一の方法は、関係諸国と膝を交えて対話し、解決策を打ち出すことだ）

　sit down with は文字どおりには「〜と一緒に座る」という意味だが、ここでは少し違うようだ。「座る」というイメージからもう一歩踏み込んで「〈問題などに〉（人と）じっくり取り組む」という比喩的な用法があるのだ。

　別の例を見てみよう。

35　sit down with

It is impossible to *sit down with* a criminal like him.
(彼のような犯罪者と面談するのは不可能だ)

In the coming months, I look forward to *sitting down with* members of the other party to discuss how we can find the common ground necessary for us to move this country forward.
(これから数か月間、ほかの党の議員とともに、どうすれば国の発展に不可欠な合意点を見出せるかじっくり話し合えることを楽しみにしている)

では、次の和文を、sit down with を使って英訳してみよう。

一歩先の英文ライティング！

1. この重要案件に関しては山下さんとじっくり話し合うべきだと思うよ。
2. 彼女は上司と昇進に関して時間をかけて話をすべきだ。
3. 私は10月に高橋知事と今回の提案に関して膝を交えて話す機会に恵まれた。
4. その女子学生は成績について、担当教授と話したほうがよいと感じた。（※「女子学生」はthe studentとして、そのあとに使う代名詞にsheやherをあてると自然な言い方になる）
5. その女性販売員は、もし相手とじっくり話すことができれば、買ってもらえるという自信があった。（※女性販売員 ＝ saleswoman, 相手＝someone）

【解答例】

1. I think we should *sit down with* Mr. Yamashita to talk about this grave issue.

2. She should *sit down with* her boss to talk about her promotion.

3. I had a chance to *sit down with* Governor Takahashi in October to discuss the proposal.

4. The student felt she had better *sit down with* her professor in order to discuss her grade.

5. The saleswoman was confident that if she got a chance to *sit down with* someone, she would be able to make a sale.

なぜか slow down と同じ意味になる
➡ slow up

36

　かつてある国際会議で同時通訳をしていた時、slow up という句動詞が出てきた。一瞬、「slow down の間違いでは？」と思ったが、ともかく話の流れに乗って「減速する」と訳した。会議後にチェックすると、slow up と slow down という一見相反する表現が、ほぼ同義で使われることがわかった。ここではこの slow up について考えてみよう。

　次の英文を slow up に注意して読んでほしい。

> The company's production has ***slowed up*** due to the recession, and if things do not pick up soon, the company may be in serious trouble.

　英文はむずかしくないが、slow up の用法が気になる。文脈に沿ってみると、明らかに「生産性が落ちている」という意味だ。それなら slow down のほうが、副詞 down（落ちて）がある分、ぴったりする感じがする。

　結論から言うと、slow down と slow up は、どちらも "To slacken in speed; to move or go more slowly"（*Oxford English Dictionary* [*OED*]）と定義され、両者に差異はない。事実、英語を母語とする人でも、「なぜ slow up と slow down が同じ意味になる

のか？」と疑問を抱くほどだ。

よって、冒頭の例文の意味は、

> 「不況により、その会社の生産性は鈍化している。すぐにでも景気が持ち直さなければ、会社は大変な危機を迎えることになるかもしれない」

となる。

slow up も slow down と同じく、「失速する、速度が鈍る」という意味でニュースにも頻出する。以下、例を挙げる。

> The level of economic growth has *slowed up* in recent months.
> （経済の成長速度が、ここ数カ月で鈍化している）
>
> The government cannot *slow up* on education, because education will provide the economic growth and competitiveness that is needed.
> （政府は教育改革の手を緩めるわけにはいかない。なぜなら、教育が経済成長および必要とされる競争力の供給源となるからだ）

slow up の他動詞用法の例も挙げる。

> The problem is that we do not have enough people to keep up with the increased call for certificates, and this personnel shortage has severely *slowed*

up the distribution of the donated money.

(問題は、証明書を求める要求が増えているにもかかわらず、それに対応する人材が十分ではないということだ。こうした人材不足が寄付金の分配を大幅に遅らせている)

最後に slow up の別の用法についても簡単に触れておく。

The player is beginning to *slow up*.

(その選手は衰えが隠せなくなっている)

この slow up は、「(人の) 活力や活動のペースが衰える」という意味。著名なスポーツ選手や役者に、年齢などによる衰えが見えてきたことを表わす場合によく使われる。

では、次の和文を、slow up を使って英訳してみよう。

一歩先の英文ライティング！

1. 不景気のため、あの計画に遅れが出ている。
2. 運転手はカーブにさしかかったところでスピードを落とした。
3. あの俳優は衰えを見せ始めている。
4. 経済が停滞していることで、各社は従業員の一時解雇に手を付け始めた。
5. 政府は新政策の実行を先送りすることを決定した。(※実行 = implementation)

【解答例】

1. That plan has been *slowed up* by the recession.

2. The driver *slowed up* as he approached the curve.

3. The actor is beginning to *slow up*.

4. Because the economy has *slowed up*, companies have begun laying off workers.

5. The government decided to *slow up* the implementation of the new policy.

料理の枠を越えた
→ spice up

37

　暑くなると、勝手に体のほうが spice（薬味、香辛料）の効いた食べ物を求める。本セクションでは、この spice という単語を含んだ句動詞表現 spice up を取り上げる。

　spice up がどんな意味合いで使われているのか考えながら、以下の英文を読んでみよう。

> Car companies are trying to *spice up* their compact and subcompact lineups to increase sales in the coming year.
> （来年、自動車メーカー各社は、売り上げ増加をねらって、小型車と準小型車のラインナップの活性化を図る予定だ）

　spice up は、名詞の spice からなんとなく意味が取れると思う。

　動詞の spice が「上がって、増して」を表わす副詞 up と結びつくと、「〜に香辛料を加える、味をつける」という意味になる。さらに spice up は料理の枠を越え、物事をよりおもしろくしたり活気づけるために「**趣を加える、興を添える、ひと味添える、おもしろみを加える**」といった意味で用いられる。

　ポイントは目的語に来るものが「味が薄い、イマイチつまらない」など、何かが不足している状態にあるということだ。

37 spice up

例を見てみよう。

> The administration is hoping recent measures will *spice up* the economy.
> (政権側は最近の方策が経済を刺激すると期待している)
>
> Producers hope a few surprise moments will *spice up* the live broadcast of the awards ceremony.
> (プロデューサーたちは、2,3のサプライズを[番組に]用意すれば、受賞式の生放送は盛り上がると願っている)

最初の例文では、経済に「活を入れる」といった感じが、spice up から伝わってくるだろう。

次のような言い方もする。

> Following these five simple tips can *spice up* any wardrobe.
> (こうした5つのシンプルなコツを学ぶことで、どんなワードローブも魅力的になるはずだ)

spice up と wardrobe の組み合わせが実にユニークだ。

では、次の和文を、spice up を使って英訳してみよう。

37　spice up

一歩先の英文ライティング！

1. ナンシーは、ともすればぱっとしない会議に興を添えるアイディアを思いついた。（※ぱっとしない = lackluster）
2. 校長先生は朝礼スピーチを個人的な体験談で盛り上げた。
3. 部屋の家具の配置に少し飽きてきたわ。そろそろ気分転換が必要かもね。（※「気分転換」は「…におもしろみを加える、興を添える」と考えればよい）
4. 彼らは有名な研究員を呼び、開会のあいさつをしてもらうことで、進行を盛り上げようとした。（※進行 = proceedings）
5. 彼らは殺害予告を何度も受けたことで、警備部隊を増やさなければならなくなった。（※殺害予告 = death threats, 警備部隊 = security detail）

【解答例】
1. Nancy came up with an idea that could *spice up* an otherwise lackluster conference.
2. The principal *spiced up* his speech in the morning session by introducing his own personal anecdotes.
3. I'm getting a little bored with the furniture layout in my room. I guess it's time to *spice* it *up*.
4. They tried to *spice up* the proceedings by inviting a well-known researcher to give the opening speech.

37 spice up

5. They had to *spice up* the security detail after receiving the death threats.

立ち上がるだけじゃない
➡ stand up to

38

　stand up は基本的な句動詞であるが、これに to が付いた stand up to という表現がある。なんとなく意味を類推できるが、実際にはどんな場面で用いられるのだろうか？　本セクションでは stand up から派生したこの表現を取り上げる。

　以下の英文を読んでほしい。

> There are few people in Japan who would like to see a full-blown confrontation. But analysts agree that consensus is growing on the need to ***stand up to*** China as power in East Asia appears to slip further from Japan and the United States.
> （日本では、［中国との］全面的な対立を望む人はほとんどいない。しかし東アジア地域の覇権が日本と米国から失われつつあるように見える中、中国に対して毅然と立ち向かうことが必要だとする世論が高まっているという点で識者たちの意見は一致している）

　尖閣諸島をめぐって悪化している日中関係について書かれたものだが、解釈にとまどうことはないだろう。stand up to は、stand up に「対立」を表わす to（時に against）が付いているので、「～に対して立ち上がる」といった意味になることは容易に想像がつく。ただし、これだけでは表面的な解釈に過ぎず、十分とはいえない。

そこで Longman Dictionary of English Language and Culture を引くと、"to refuse to accept unjust unfavorable treatment of oneself by (someone)" という定義がある。つまり「**これまで受けてきた不当で、不利な扱いに対して立ち向かう[拒否する]**」という含みがあるのだ。

冒頭の英文では、領有権問題に対して、日本政府が「毅然とした態度で臨む」ということを stand up to が表わしている。なお、to または against の対象には、「主語よりも強い立場や大きな力を持つ人や組織」が来ることも押さえておこう。

例を挙げる。

> Tom, you were very brave to *stand up to* the university president like that.
> (トム、あんなふうに学長に毅然とした態度を取れるなんて、すごく勇敢だった)

やはりニュースで使われることが多いようだ。

> Afghan citizens who have been *standing up to* Taliban are seeking support.
> ([反政府武装勢力]タリバーンに立ち向かうアフガニスタン国民が、援助を求めている)
>
> Experts agree that South Korea would like Japan to take on the role of *standing up to* China, while Seoul itself pursues good terms with Beijing.

(韓国は日本が中国に対して毅然とした態度を取ってほしいと望む一方で、自分たちは中国と良好な関係を築きたいと望んでいるというのが専門家の一致した考えだ)

また、stand up to には、「過酷な環境などに耐える、持ちこたえる」という別の用法もある。

This mobile phone can't ***stand up to*** heat.

(この携帯電話は熱に弱い)

では、次の和文を、stand up to を使って英訳してみよう。

一歩先の英文ライティング！

1. いじめっ子に立ち向かうのは簡単ではない。
2. このかばんは乱暴に扱っても平気だ。
3. 彼女が独裁者にいかに立ち向かったのかを忘れてはならない。
4. 日常で起こるハラスメントに立ち向かうことが、今の女性たちに求められている。
5. 彼は自分の信念を守るために強い世論に立ち向かった。

【解答例】

1. It's not easy to ***stand up to*** a bully.
2. The luggage will ***stand up to*** hard use.
3. You must remember how she ***stood up***

against the dictator.

4. Women are being urged to *stand up to* harassment in their daily lives.

5. He *stood up against* strong public opinion to defend his beliefs.

単に服を着るだけじゃない
➡ suit up

39

卒業式に着ていく服について、学生たちと雑談をしていた時のこと。1人が「dress up（着飾る）という句動詞があるなら、suit up もあるのでは？」と素朴な疑問を呈した。さて、どうだろう？　本セクションでは suit up について考えてみよう。

2012 年に現役引退を表明した元ニューヨーク・ヤンキースの松井秀喜選手に関して、次のような報道があった。

His distinguished career earned him the adoration of his Japanese fans, but it was his humble, everyman personality that made him Japan's favorite son. While Ichiro Suzuki may be the greatest Japanese player to ever *suit up* in the major leagues, Matsui is the most-loved.

(※distinguished ＝ 輝かしい、earn ＝（人に）〜をもたらす、everyman ＝ 普通の人の、どこにでもいる、Japan's favorite son ＝ 日本国民から愛される存在)

(輝かしい経歴で日本の野球ファンの尊敬を集めた松井だが、彼を国民的人気者に高めたのは、その謙虚で親しみやすい人間性だった。鈴木一朗は確かに、これまでメジャーリーグのユニフォームに袖を通した最高の日本人選手かもしれないが、松井は最も愛された選手なのだ)

39 suit up

　suit up の意味は取れただろうか？　文の流れから「ユニフォームを着る」といった意味と推測できそうである。ただし、dress up とは少し用法が異なる。

　The New Oxford American Dictionary では、suit up がアメリカ英語として、"put on clothes, typically for a particular activity" と定義されている。つまり、単に「服を着る」のではなく、「〈**人が**〉**（特別の任務のために）服を着る、（チームの一員として）ユニフォーム、制服を着る**」ことなのである。

　例を見てみよう。

> **The reporters needed to *suit up* prior to their visit to the Fukushima Nuclear Plant.**
> （報道陣は福島原発に立ち入る前には防護服を身につける必要があった）

　身につけるものは、文脈から「防護服」とわかるだろう。

> **Although they heard the very sad news in the morning, the players at the football club had to *suit up* against the strongest competitors in the evening.**
> （午前中に、とても悲しい知らせを聞いたが、そのフットボールクラブの選手たちは夕方にはユニフォームに身をつつみ、最強のチームとの試合に臨まなければならなかった）

困難な状況にもかかわらず、ユニフォームを着て、最強のライバルとの試合に臨まなければならないことを suit up がうまく伝えている。

では、次の和文を、suit up を使って英訳してみよう。

一歩先の英文ライティング！

1. 警官は夜間巡回パトロールに出かけるために制服に着替えた。
2. 全従業員は新部長に会う時には制服の着用が奨励される。
3. 香川真司選手が今週の試合に出場予定であると、監督が記者団に述べた。（※「監督」はサッカーでよく使われる skipper を使ってみよう）
4. そのスター選手はけがで試合に出られないと噂されていたので、彼の出場がアナウンスされた時は、観客は大興奮した。
5. 彼女はサンバイザー、ショートパンツ、そしてTシャツを身にまとい、皇居を周回するいつものジョギングに出かけた。

【解答例】

1. The police officer *suited up* for night patrol.
2. All employees are recommended to *suit up* to meet the new director.
3. The skipper told the press that Shinji Kagawa is expected to *suit up* for this week's game.
4. Because it had been speculated that the star player was going to miss the game due to injury, the crowd grew excited when it was

39 suit up

announced that he would be *suiting up*.

5. *Suiting up* in her visor, shorts and T-shirt, she went out for usual jog around the Imperial Palace.

服を脱ぐだけじゃない
➡ take off

40

　句動詞 take off は「(服などを) 脱ぐ」が代表的な意味であるが、それ以外にも様々な意味で用いられる。本セクションでは take off の用法を考えてみよう。

　以下の例文で、take off はどんな意味で使われているだろうか？

> As he approached, she *took off* running.
> (彼が近づくと、彼女はすぐに走り去ってしまった)

　took off の意味は取れただろうか？　running がうしろにあるので、走ることに関係があると想像がつくだろう。いかにも、take off には、「急いで立ち去る、出発する」、そして「離陸する」という意味がある。ここから派生して、「何の前触れもなく、その場から急いで立ち去る」という意味でも使われるようになった。

　さらに上の例文のように、うしろに running のほか、walking, hopping など具体的な動きを表わす語句が添えられることがある。

　別の例を見てみよう。

> Because of the concern that there might be another explosion soon, everyone in the area *took off* running.

（さらなる爆発の可能性があったので、その場にいた全員が退避した）

The horse unseated her rider in the gate, but before anyone could notice, the bell sounded and the horse *took off* down the track. （※ [the horse] unseat = 落馬させる、馬から振り落とす）
（馬はゲートの中で騎手を振り落としてしまったが、誰もこのことに気づかず［出走］合図が鳴り、馬はそのまま出走してしまった）

では、次の和文を、take off を使って英訳してみよう。

一歩先の英文ライティング！

1. パトカーを見るやいなや彼は突然、車で逃げ出した。
2. その女性は後ろ手に手錠をはめられたまま突然、走って逃げ出した。
3. 警察が現場に着く前にその男は森へ逃げ込み、まだ見つかっていない。
4. 泥棒は目撃される前に逃げ出そうとしたが、角を曲がったところで、（偶然）警官と鉢合わせしてしまった。
5. 子供たちは学校のベルが鳴るのを聞くやいなや、一目散に駆け出した。

【解答例】
1. Seeing the patrol car, he *took off* in the car.
2. The woman *took off* running with her hands cuffed behind her back.

40 take off

3. The man *took off* into the forest before the police could get there and has yet to be found.
4. The thief tried to *take off* before he could be seen, but as he turned the corner he ran into a police officer.
5. The kids *took off* running as soon as they heard the school bell ring.

41 いつも優しくて傷つきやすいわけじゃない → tender

　tenderと聞くと、「優しい」や「柔らかい」という意味を連想する人が多いようだが、年齢に関連した用法があることはあまり知られていないかもしれない。

　形容詞としてのtenderは主な意味だけでも、「優しい」「柔らかい」のほかに「壊れやすい、傷つきやすい、感じやすい、敏感な」や「(問題などが) 微妙な」など、いくつもある。

　では、次の英文のtenderはどのような意味で使われているだろうか？

> **At the *tender* age of 15, the speed skater found herself in the national spotlight.**
> (15歳という若さで、そのスピードスケート選手はいつの間にか国民的注目を浴びることになった)

　ここでのtenderは、「柔らかい」から「まだしっかりしていない→若い、未熟な」と発展した用法で、しばしばat the tender age of という成句で用いられる。

　単にat the age of 15と表現するよりも、「15歳にして」という若さを強調したニュアンスを伝えることができるのだ。

　さらに例を見てみよう。

41 tender

> By the *tender* age of 18 — when many others are only beginning to think about a pro career — he had already won a money title on a major golf tour.
> (齢18を前に―18歳というのはほかの多くの［アマ］選手がプロになるかどうかを考え始める年齢だが―彼はすでにゴルフの主要な選手権で賞金を獲得していたのだ)

ここでも the tender age がこの選手の非凡さをうまく伝えている。

the tender age が示す年齢は、10代くらいかと思いきや、文脈や状況によってかなり幅がある。

> It is with regret that I inform you, the legendary Whitney Houston has died at the *tender* age of 48.
> (残念なことですが、伝説的な歌姫ホイットニー・ヒューストンが48歳という若さでこの世を旅立ったことをお伝えします)

これはアメリカの歌手ホイットニー・ヒューストンさんが死去した際、広報担当者が発表した公式ツイッターの一文である。「48歳はまだ若く、これからだったのに」という無念さが感じられる。

では、次の和文を、tender を使って英訳してみよう。

一歩先の英文ライティング！

1. 彼女はわずか3歳で柔道を習い始めた。
2. 彼は7歳にして囲碁に魅せられた。
3. 彼は28歳という若さでその国の最年少の指導者となった。
4. 彼女は弱冠16歳でプロとして活躍し始めたので、多くの選手がピークを迎える28歳で燃え尽きて引退を決意しても、それほど驚かれなかった。
5. 彼がそれほど若くない46歳ではじめてのツアー・タイトルを獲得した時は、みんな驚いた。（※それほど若くない…歳で = not-so-tender age of…）

【解答例】
1. She first took up judo at the *tender* age of three.
2. He became attracted to the game of go at the *tender* age of seven.
3. At the *tender* age of 28, he became the country's youngest leader.
4. Since she had begun her pro career at the *tender* age of 16, it wasn't too surprising that she became burned out and decided to retire at 28, when most players are in their primes.
5. Everyone was shocked when he won his first tour title at the ***not-so-tender*** age of 46.

ひけらかす、みせびらかす、繰り返す
➡ trot out

42

trot out という句動詞をご存知だろうか？

> **She likes to *trot out* her education.**
> (彼女は自分の知識をひけらかすのが好きだ)

動詞の trot には「(馬などが) 速歩で駆ける」(自動詞)、「(馬などを) 速歩で進める」(他動詞) などの意味がある。それに「外へ、外に」を表わす副詞 out が付いた trot out には、「**見せびらかす、(知識などを) ひけらかす**」の意味がある。では、なぜそのような意味で使われるようになったのだろうか？

The American Heritage Dictionary of Idioms (*AHDI*) によると、trot out の由来は18世紀前半で、"This expression alludes to leading out a horse to show off its various paces, including the trot." と説明されている。つまり、検査や競売のために、(馬を) 連れ出して、その足並みを誇示する (show off) ことを表わす表現なのである。

その後、trot out は、馬以外のものを誇示する場合にも用いられるようになり、今では口語として「(品物などを) 出して見せる、披露する、(意見などを) 出す、(知識などを) 見せびらかす」(『研究社新英和大辞典』) という意味で使われている。

もう1つ例を挙げる。

> She *trotted* her espresso machine *out* this morning and made us all coffee.
> (彼女は今朝、エスプレッソマシーンを見せびらかし、ぼくら全員にコーヒーをいれてくれた)

また、trot out は、「(同じ言いわけ・説明などを) 繰り返す、(いつもの話などを) 持ち出してしゃべる」といった意味でも使われる。

例を挙げる。

> Steve *trotted out* the same old joke at the reception.
> (スティーヴはいつものジョークを歓迎会で繰り返し口にした)

では、次の和文を、trot out を使って英訳してみよう。

一歩先の英文ライティング！

1. 彼は出会う人誰にでもガールフレンドを（自慢げに）披露した。
2. ケンは遅刻するといつもお決まりの言いわけを繰り返す。
3. そのベテラン競泳選手は彼女が長年にわたって獲得したすべてのメダルを得意げに見せた。
4. どんなパーティでも、彼女は例の同じジョークを披露する。

(※例の同じ = the same old)

5. その会社はその有名人を引っ張り出して、製品を宣伝した。

【解答例】

1. He *trotted out* his girlfriend for everyone to meet.

2. Ken always *trots out* the same excuses for being late.

3. The old swimmer *trotted out* all the medals she had collected over the years.

4. At every party, she *trots out* the same old jokes.

5. The company *trotted out* the celebrity to endorse its products.

43 振り向くだけじゃない
→ turn around

「業績回復」を英語では turnaround（向きを変えること）という名詞で表わすことがある。なるほど、言い得て妙である。ここでは、それに関連する句動詞表現 turn around を取り上げる。

以下の例文で turn around がどんな意味で使われているのか考えてみよう。

> **The Prime Minister promised to *turn around* the Japanese economy.**
> (首相は日本経済を再生させると約束した)

turn around には「向きを変える」「振り向く」をはじめとして様々な語義があるが、ここでは「方向転換させる」という意味になることは見当がつくだろう。*Macmillan Essential Dictionary* で turn around を引くと、他動詞用法の1つとして、"to make something such as a company or team successful again after a period of being unsuccessful" という定義が見つかる。つまり、**「しばらく悪い状態を経験したあと、再びよい状態へと（劇的に）好転・再生・再建させる」**ということなのである。

43 turn around

He was sent to England to *turn around* a television plant in Plymouth.
(彼はプリマスにあるテレビ工場の生産性改善のためにイギリスに派遣された)

　turn around は、経済やビジネスにおける「業績」に限らず、学業やスポーツなどの「成績」について使えることも押さえておこう。

The figure skater is attempting to *turn around* her season at the championships.
(そのフィギュアスケート選手は、今回の選手権大会で今シーズンの巻き返しをはかろうとしている)

　では、次の和文を、turn around を使って英訳してみよう。

一歩先の英文ライティング！

1. 心配するなよ。きっと状況はすぐに良くなるよ。
2. 私たちは新しい製品が会社の業績を立て直してくれると期待している。
3. その航空会社は事業の不振を立て直すために、フライトの便数を減らしたり、そのほかのコスト削減を行なっている。
　（※事業の不振 = sagging business）
4. 新しいコーチはチームのシーズン中の不振を一変させてみせた。

5. その学生は学期初めには遅れをとったが、その後、状況を改善して、最後は彼女のクラスでいちばんの成績で終えることができた。

【解答例】

1. Don't worry. I'm sure things will *turn around* soon.

2. We are looking to our new product to *turn* our company *around*.

3. That airline company has been scrapping flights and trimming other costs to *turn around* its sagging business.

4. The new coach was able to *turn* the team's season *around*.

5. After a slow start to the semester, the student was able to *turn* things *around* and finished at the head of her class.

いつも待っているわけじゃない
➡ wait out

44

「待つ」を英語で何と言うだろうか？ もちろん、wait だ。

> **Please wait here.**（ここでお待ちください）
>
> **Wait a sec.**（ちょっと待って）

このようなフレーズが自然に口をついて出てくるほど wait はおなじみの単語だ。そして、wait の句動詞の1つである wait out を使うと、一歩先の「待つ」を表現できる。

wait out は、次のような文脈でよく用いられる。

> **Some Japanese have paid high, last-minute prices to flee to Guam to *wait out* the disaster's aftermath.**
> （日本人の中には、高額な駆け込み料金を支払ってグアム島へ避難し、災害の終息を待つ者もいる）

wait に「最後まで、すっかり、完全に」という意味の副詞 out が付いた wait out は、同じ「待つ」でも、①「〜を最後まで待つ、〈野球で〉四球を待つ」、②「(あらし・危機などが) 過ぎるのを待つ」という意味になる。上の例文の wait out は、②の意味で使われてい

る。

さらに例を見てみよう。

> **The trapped miners *waited out* the ordeal.**
> （［坑内に］閉じ込められた坑夫たちは、じっと苦しみに耐えた）

　苦しい状態が終わるのをじっと待っている坑夫たちの様子が伝わってくる。

　そして wait out は「悪天候」「天変地異」「戦禍」などを「耐えしのぶ」という意味で日常的に用いられるようになり、近年では「退屈極まりないもの」「苦しい日々・時代」「困った人（の行為）」などが「終わるまで待つ」という意味でも使われている。

　例を挙げる。

> **We have to *wait out* this boring job.**
> （この退屈な仕事が終わるのをじっと待たなければならない）

では、次の和文を、wait out を使って英訳してみよう。

一歩先の英文ライティング！

1. 一家は台風が過ぎ去るのを屋内で辛抱強く待った。
2. 私はすぐに車で帰宅するよりも、あらしが通り過ぎるのを待ちたい。
3. 私たちはイタリアで戦争が終わるのを待った。（※「イタリ

アに行って」と考えてみるとよい）

4. その映画の中では、恐竜は異常気象をしのぐために地下にもぐった。（※地下にもぐる = go underground）
5. 刑事たちが求めたのは真実だった。そのため彼らは辛抱強く彼の自供を待ち、そしてとうとう彼は何が本当に起こったのかを自供した。（※「彼の自供を待つ」は、wait him outを使えばよい）

【解答例】

1. The family stayed inside to *wait out* the typhoon.
2. I'd rather *wait out* the storm than drive home immediately.
3. We went to Italy to *wait out* the war.
4. In that movie, dinosaurs went underground to *wait out* extreme weather.
5. The detectives needed the truth, so they *waited* him *out*, and he finally told them what (had) really happened.

45 大丈夫の印 → walk away

　基本動詞 walk にも数多くの句動詞表現がある。ここで取り上げる walk away は文字どおり「(歩いて) 立ち去る」という意味だが、どうもそれだけではないようだ。

　walk away がどんな意味合いで使われているのか考えながら、次の例文を読んでみよう。

> Even though his vehicle was wrecked and his air bags deployed, Robert *walked away* from the accident uninjured.
> (ロバートの車は大破し、エアバッグも作動したが、本人はけがひとつなく事故現場をあとにした)

　この walked away を、ロバートが知らんぷりして事故現場から立ち去ったなどと解釈してはいないだろうか？ walk away には「(スポーツの試合などで) 楽勝する」「(仕事などから) 手を引く」のほか、しばしば from を伴って「**(事故などを) ほぼ無傷で切り抜ける**」という意味もあり、ここではその意味で使われている。

　特に大事故にもかかわらず、無事に難を逃れた場合に用いられるが、ほかの用法との混同を避けるため、uninjured, unharmed などの形容詞を伴うことがある。例を見てみよう。

45 walk away

> Miraculously, the man was able to *walk away* unscathed from the horrific car accident.
>
> (その男はおそろしい自動車事故にあったが奇跡的にまったくの無傷で助かった)
>
> Even though the small plane skidded off the end of the runway, the five people aboard *walked away* uninjured.
>
> (その小さな飛行機は［着陸時に］滑走路の端までオーバーランしたが、乗員5名ともかすり傷ひとつ負わず無事だった)

では、次の和文を、walk away を使って英訳してみよう。

一歩先の英文ライティング！

1. 幸運にもピーターはその悲惨な事故で、かすり傷ひとつ負わなかった。
2. 彼女が乗った軽飛行機は畑に墜落したが、彼女は無傷だった。（※軽飛行機 = light aircraft）
3. 祖父は階段を数段転げ落ちたが、後頭部に小さな切り傷を負っただけで無事だった。
4. 大変な事故のように思えたが、誰もかすり傷ひとつ負わなかった。
5. パイロットたちは、無事に着陸できれば、よい着陸だという。

【解答例】

1. Fortunately, Peter **walked away** uninjured from that terrible accident.

2. She **walked away** unhurt after her light aircraft crashed into a field.

3. My grandfather fell down some steps and **walked away** with only a small cut to the back of his head.

4. Although the accident looked terrible, everyone **walked away** without a scratch.

5. Pilots say any landing you can **walk away** from is a good landing.

手取り足取り説明する
→ walk through

46

「ウォークスルー」(walk-through)という言葉を知ったのは、箱型のミニバンがブームになった時だ。車内を簡単に移動できる機能を意味するカタカナ語で、言い得て妙だ。では、句動詞 walk through にも同様の用法があるのか考えてみよう。

以下の例文で walk through はどのような意味で使われているだろうか？

> She would be the perfect guide to *walk* you *through* the international conference.
> (彼女だったらその国際会議の案内役としてはうってつけのガイドになるだろう)

McGraw-Hill Dictionary of American Idioms and Phrasal Verbs によると、この walk ... through 〜 の原義は "to lead or accompany someone through an opening, arch, doorway, etc." で、それから "to lead someone through a complex problem or thought process." という比喩的な用法が派生した。そばについて、人に複雑な問題や思考過程などをていねいに説明する様子を思い浮かべれば、「(人に) 〜を丹念［順々］に教える、〜の手ほどきをする」の意味になるのが理解できるだろう。

ほかの例を挙げる。

> **Our reporter will *walk* us *through* all that devastation in Tohoku region.**
> （われわれのレポーターが案内役をつとめ、東北地方の全被害状況をまとめてお伝えします）

また、携帯電話がいつでもどこでも使われている社会にやるかたない思いをつづったあるニュースのコラムは、次の文で始まっていた。

> **Let me *walk* you *through* my tale of woe.**
> （私の悲しい話を聞いてほしい）

このように walk through は、複雑な物事を手取り足取り説明するというニュアンスがあり、留学、税金、永住権獲得、遺産相続などの手続きに関する説明文にも頻出する。

グローバル企業のエグゼクティブなどにコミュニケーションのスキルを教えているカーマイン・ガロ氏のホームページに、次の文があった。

> **I'm Carmine Gallo and today, I'll *walk* you *through* several key techniques that Steve Jobs used to electrify his audience.**
> （カーマイン・ガロです。今日は、スティーブ・ジョブズが聴衆をと

りこにした［プレゼンの］鍵となるテクニックのいくつかをこと細かにお伝えします）

walk ... through ～ を日本語にするのはなかなかむずかしい。状況にあわせて対応するのがいいだろう。ちなみに、electrify は「（人を）感動させる」の意味でよく使われる。

もう一例見てみよう。アメリカの弁護士のホームページでよく見かける文だ。

If you are considering applying for U.S. citizenship, you want an experienced lawyer to **walk** you **through** the process, one who understands what needs to be done and can help you identify your options.

（米国の永住権取得を考えているのであれば、まずは申請手続きで適格な案内をしてくれる経験豊かな弁護士を見つけるべきでしょう。そうした弁護士は、何をすべきかを理解し、そして取るべき選択について手助けをしてくれます）

では、次の和文を、walk ... through ～を使って英訳してみよう。

一歩先の英文ライティング！

1. その不動産業者が私たちにモデルハウスを案内してくれた。
2. 私が手続きをご説明します。
3. 私が解決策を彼に一から説明しなければならないのでしょうか？

4. さて、職務内容を彼女に進んで説明してくれるのは誰かな？
（※職務内容 = duties）

5. 明日会った時に、状況について私が把握していることをつまびらかにするよ。

【解答例】

1. The real estate agent *walked* us *through* the model house.

2. I'll *walk* you *through* the procedure.

3. Do I have to *walk* him *through* this solution?

4. Now, who is ready to *walk* her *through* her duties?

5. When I see you tomorrow, I'll *walk* you *through* what I know about the situation.

いろいろな状況で用いられる
➡ warm up to

47

ここでは、warm up to という表現を考えてみよう。
よく次のような言い方をする。

> I found it hard to *warm up to* my foster father.
> (私はなかなか養父になじめなかった)

まず、warm up の意味を確認しよう。warm up は他動詞で「〜を暖める」、自動詞で「ウォーミングアップする、準備運動をする」「(部屋、機械、エンジンなどが) 暖まる」「活気づく、熱中してくる、興奮してくる」といった意味で使われる。

では、warm up に「方向」を表わす前置詞 to が付くと、どのような意味になるだろうか？ warm up to/toward (主にアメリカ英語)、もしくは up がない warm to (主にイギリス英語) には、「(人・物に対して) 温かい気持ちになる、同情する」といった意味がある。

また、warm up to は、「〜に親しみを覚える、〜に好意をいだく」という意味でも用いられる。

このように warm up to は、応用の度合いが高い表現なのだ。

47 warm up to

> **More families are *warming up to* frozen dinners.**
> (冷凍食品になじんだ家庭が増えている)

ここでは、warm と frozen が、かけ言葉になっている。
さらに例を挙げよう。

> **I have a great relationship with my boyfriend, but there's one problem: His guy friends haven't *warmed up to* me. How do I get them to come around?**
> (カレシとの関係はサイコーなんですが、1つだけ悩みがあるのです。彼の男友だちが私と打ち解けてくれないんです。どうしたら心を開いてもらえるのでしょうか？)

ここでは warm up to が「打ち解ける」や「心を開く」という意味で使われていることがおわかりだろうか？
また、warm up to は「…を受け入れる気持ちになる」といった意味でも使われる。

> **Some people have *warmed up to* the idea of wearing school uniforms, but some still oppose it.**
> (学校制服の採用を受け入れることにした人もいれば、依然として反対している人もいる)

47 warm up to

では、次の和文を、warm up to を使って英訳してみよう。

一歩先の英文ライティング！

1. 私は次第に彼に打ち解けていった。
2. アメリカ人は健康保険改革を受け入れるだろうか？（※健康保険改革 = health care reform）
3. どんなにがんばっても、彼の提案をどうしても受け入れることができなかった。
4. 面接が進むにつれて、面接者たちが私に心を開いていくように感じた。
5. 徐々に、両親は私が１人暮らしをするという考えを受け入れてくれた。

【解答例】

1. I gradually *warmed up to* him.
2. Will Americans *warm up to* health care reform?
3. No matter how hard I tried, I just couldn't *warm up to* his proposal.
4. As the interview continued, I felt that the interviewers were *warming up to* me.
5. Gradually, my parents *warmed up to* the idea of me living on my own.

48 洗うのは手だけじゃない
→ wash *one's* hands of

　wash *one's* hands は「手を洗う」という意味だが、そのあとに of が付いた wash *one's* hands of という表現をご存知だろうか？「手を洗う」という文字どおりの意味ではない。本セクションではこの wash *one's* hands of にスポットを当てる。

　wash their hands of がどんな意味で使われているのか考えながら以下の英文を読んでみよう。

> A famous rock singer's wife asked her late husband's siblings and their spouses not to use his name in their businesses. She has reportedly demanded that they ***wash their hands of*** all his businesses.
> （有名なロック歌手の妻は、亡き夫の兄弟姉妹と彼らの配偶者に夫の名前を使って商売をしないように求めた。彼女はすべての事業から手を引くことも要求したとも伝えられている）

　wash *one's* hands of の意味がおわかりだろうか？ wash *one's* hands のあとに「分離」を表わす of が付くと、「手を洗う」が転じて、「（人・こと）から手を引く、（人・こと）との関係を断ち切る」という意味になる。*Oxford Advanced Learner's Dictionary* では、"to refuse to be responsible for or involved with sb / st" と定義されている。つまり、「これ以上ある人や事柄と関わるのをやめる」ことなのだ。

たとえば、次のような言い方をする。

> I'll *wash my hands of* the matter.
> (私はこの件から手を引くつもりだ)

日本語では「足」を使って「〜から足を洗う」などとも言うが、英語ではあくまで「手」を使って表現するのがポイントだ。

また「〜と手を切る」ともいう。

> I'll *wash my hands of* him.
> (彼とは手を切る)

ほかにも例を挙げておこう。

> There are people who fought a battle with him. He cannot *wash his hands of* them.
> (これまで一緒に戦ってきてくれた人々がいる。彼は彼らとの関係を断ち切れない)

> What hope is there for newspapers, now that the IT giant has *washed his hands of* the industry?
> (あの巨大IT企業が手を引いてしまった今、新聞業界にはどんな希望が残っているのだろうか？)

では、次の和文を、wash *one's* hands ofを使って英訳してみよう。

一歩先の英文ライティング！

1. デイヴはあの仕事から手を引いたようだ。
2. 娘が２度目に逮捕された時、彼は娘との縁を切る決意をした。
3. 絶え間ない派閥抗争にうんざりして、彼は国会議員を辞職して政治の世界から足を洗うことにした。（※派閥抗争 = factional infighting）
4. 友人にまたしても長く費用のかかる紛争を吹っかけられ、その女性は彼女と永遠に手を切ることにした。（※またしても長く費用のかかる紛争を吹っかけられる = drag 〜 into yet another lengthy and costly dispute）
5. かなり多くの教師が、しょっちゅう問題を起こす学生たちとは関わりたくないと思っていた。（※しょっちゅう = continually）

【解答例】

1. Dave seems to have *washed his hands of* that job.

2. When his daughter was arrested for the second time, he decided to *wash his hands of* her.

3. Being sick and tired of the constant factional infighting, he decided to resign his post in the Diet and *washed his hands of* politics.

4. After a friend dragged the woman into yet another lengthy and costly dispute, she decided to *wash her hands of* that friend once and for all.

5. Quite a few teacher wanted to *wash their hands of* the students who were continually causing trouble.

49

（徐々に）疲れさせる
➡ wear on

「しんどい」と聞くと、日本人は tired や exhausted のような単語を思い浮かべるかもしれない。

しかし、句動詞 wear on を使うと、効果的に表現できる。

以下は、スポーツ選手がインタビューでよく用いる言いまわしだ。

> "It's tough; it does *wear on* you."
> （厳しい。本当に疲れるよ）

意味は取れただろうか？ ここでの you は、一般的に「人」を指す総称である。it does の does は wear を強調しているが、ポイントはやはり句動詞 wear on だ。wear は名詞では「服」、動詞では「着る」の意味がよく知られているが、動詞では「すり減らす」、「疲れさせる、弱らせる」という意味もある。

句動詞 wear on は、"to gradually make someone feel tired or annoyed"（*Longman Advanced American Dictionary*）と定義されているように、「(人を) **疲れさせる、うんざりさせる**」という意味で使われる。重要なのは、定義に gradually（徐々に）とあるように、時間経過が込められていることだ。

確かに服も長年着ていると、すり切れ（wear thin）、ボロボロに（worn-out）なってしまう。同じことが、人の心や神経にもいえる

のだ。

　同じような意味を持つ wear を用いたほかの句動詞もぜひ覚えておこう。

wear away: 「～をすり減らす」［他動詞］、「すり減る、すり切れる」［自動詞］
wear down: 「～を疲れさせる、まいらせる」［他動詞］、「すり減る」［自動詞］
wear off: 「～をすり減らす、（だんだんに）消滅させる」［他動詞］、「消滅する、すり減る、すり切れる」［自動詞］
wear out: 「～をすり減らす」［他動詞］、「（徐々に）なくなる、すり減る、尽きる［自動詞］

　なお、wear on は自動詞として「（時が）ゆっくり過ぎる、（ことが）だらだらとつづく」という意味でも使われる。
　例を挙げる。

> **Soccer practice *wore on* all morning.**
> （サッカーの練習は午前中だらだらとつづいた）

では、次の和文を、wear on を使って英訳してみよう。

一歩先の英文ライティング！

1. 長旅で老人は疲れはてた。
2. 午後もだんだん遅くなってきたのに、彼らは姿を見せなかった。
3. 小林教授の長い講義に学生たちは疲れ切った。
4. あの男の性格は人をうんざりさせたので、友人と長く付き合うことは決してできなかった。
5. その会議は何時間もだらだらとつづいたが、得るものはほとんど何もなかった。

【解答例】

1. The long trip *wore on* the old man.
2. The afternoon *wore on*, but they didn't show up.
3. Professor Kobayashi's long lecture *wore on* his students.
4. The man's personality *wore on* people, so he could never keep friends for very long.
5. Although the meeting *wore on* for hours, very little was actually accomplished.

窓以外の意味もある
➡ window

50

「窓」を英語でどう言うかと問われれば、誰もが window と瞬時に答えることだろう。しかし、この語にはあまり知られていない重要な用法がある。ここではそれをいくつか紹介しよう。

以下の英文を読んでほしい。

> The woman quickly started to help people move to the top floor of the building, saving many people during the short *window* between the earthquake and the tsunami.
>
> (その女性はすぐさま人々を建物の最上階に移動させ、地震が起きてから津波が来るまでのわずかな時間に多くの命を救った)

window を含む文の意味をうまく取れただろうか？ 元々は「風の出入りする穴」という意味だった window には、「窓」のほかに、「窓ガラス」「(商店などの) 飾り窓」「(郵便局などの) 窓口」という意味もある。

しかし、この英文の short window を「短い窓」と直訳しても意味が通らない。この window は比喩的に使われていて、"a time when there is an opportunity to do something, although it may not last long"(*Oxford Advanced Learner's Dictionary of*

165

Current English)、すなわち「**短時間でなくなってしまう機会**」という意味がある。英語には a *window* of opportunity（好機）というフレーズがあり、『アンカーコズミカ英和辞典』には「window の前に、small, short, narrow, new, nice などをつけることがある」という説明がある。

したがって、英文の short window は「津波が押し寄せてくるまでのわずかな時間」と解釈できる。

この比喩的な意味の window は、会話でもよく使われるので覚えておこう。例を挙げる。

> I'm busy all Monday morning, but I've got a *window* between one and two.
> （月曜日の午前中はずっと忙しいが、1時から2時までは空いている）

そしてこの window だが、必ずしも常に「わずかな時間」に対して使われるというわけではないようだ。あくまで何かが行なわれる「都合のよい時間帯、好機、機会」を示し、それが長いか短いかは状況、文脈による。

たとえば、この語をあるスポーツの選手に用いるとする。その競技の選手の平均的現役活動期間を20年ぐらいと考えるとすれば、2, 3年は「短い」ととらえることができ、そこで window をあてられる。実際、次のように言ったりする。

50 window

> Although Peter has been successful as a hockey player for more than 20 years, everybody believes there is still a *window* of a few more years where he will still be able to contribute to his team.
> (ピーターはアイスホッケー選手として20年以上活躍しているが、もう２，３年はチームに貢献できると誰もが信じている)

では、次の和文を、window を使って英訳してみよう。

一歩先の英文ライティング！

1. 水曜日でしたら、お会いできる時間が少しあります。
2. ほんの少しの時間で、多くの修正を急いでしなければならないだろう。（※「…しなければならないだろう」は、we're expecting to have to...を使ってみよう）
3. 首相は記者会見で、今こそ、休戦の絶好の機会があると述べた。
4. チームのフロントは、複数の主力選手が盛りを過ぎる前に、３，４年は優勝できる期間があると思った。（※「チームのフロント」はteam managementを使ってみよう）
5. 今はお会いすることはできませんが、来週のどこかで時間が取れると思います。

【解答例】

1. I've got a *window* on Wednesday to see you.
2. With just a short *window*, we're expecting to

have to make a lot of quick changes.

3. The prime minister said at the press conference that there was now a *window* of opportunity for the cease-fire.

4. Team management felt they had a *window* of three or four years to win a championship before their core players would be past their primes.

5. I can't meet with you right now, but I hope that a *window* will open up some time next week.

本書は、『朝日ウイークリー』(*Asahi Weekly* [朝日新聞社]) に 2011 年 4 月 3 日号から 2015 年 3 月 22 日号まで連載された「ニュースの森を歩く：Wordsmith's workshop」を元にして編集、刊行いたしました。書籍化にあたっては、各セクションの問題を差し替えたほか、大幅な加筆・修正を行ないました。

おわりに

　英文ライティング力を飛躍的に伸ばす「即効薬」はない。ひたすら英語母語話者が普段使う小粋な表現を多量に input し、その意味・用法を理解して、自らも output してみるというサイクルを作り、それを繰り返すこと。そこにこそ上達の鍵がある。本書はそのサイクルの中で、どういった表現形式に着目すべきかという実例を示したに過ぎない。

　本書刊行までには多くの方々のご支援があった。お名前を記して感謝の気持ちを表したい。

　まず、研究社の金子靖氏には企画・構成からはじまり、表現の選別、例文の書き直しと補足、そして校正と、一連の中核作業を一手にお引き受けいただいた。金子氏のお力なくしては、本書の刊行は不可能であった。厚く御礼申し上げる。また編集段階では、金子氏とともに、高見沢紀子さんにも大変なご尽力をいただいた。研究社のある飯田橋のほうには足を向けて寝ることは当分できない。

　また本書の元となった『朝日ウイークリー』編集部の和田明郎氏は、多義語と句動詞について連載にまとめることを勧めていただいた恩人である。さらに英文校正の労を取ってくれた同僚ピーター・ロングコープ（Peter Longcope）氏は、「なぜこの英文はこう変えるこ

とで、『すわり』がよくなるのか」を直感だけではなく、言葉できちんと説明できる希有な英語母語話者である。お2人にも適切な感謝の言葉が見当たらない。

　そのほか、著者のゼミの学生、『朝日ウイークリー』の読者諸賢の方々をはじめ、有形無形のサポートをいただいた方々は数知れない。こうした方々にも、この場をお借りして、御礼申し上げる。

2015年7月 多摩丘陵のキャンパスにて

田邉 祐司

●著者紹介●

田邉祐司（たなべ　ゆうじ）

　山口県生まれ。博士（教育学、広島大学、2005 年）。専修大学文学部英語英米文学科教授、同大学院文学研究科教授。専門は英語教育学、英語音声指導・習得。英語教育史。日英通訳者としても国際会議などで通訳を務め、通訳者養成にも従事。 2011 年度 NHK ラジオ「基礎英語 1」講師。

　主な著作に『太郎と博士のビジュアル英単語帳』（NHK 出版）、『マイ・フレーズ・ブック 自分でつくる単語帳』（NHK 出版、監修）、『英語発音指導マニュアル』（北星堂、共著）、『1 日 3 分脱日本人英語レッスン』（朝日新聞出版、共著）、『英語音声学辞典』（成美堂、共著）、『がんばろう！イングリッシュ・ティーチャーズ』（三省堂、共著）、『文科省検定教科書 New Crown English Series』（三省堂）など、DS ソフト監修・発音解説に『英語が苦手な大人のための DS トレーニング もっとえいご漬け』（任天堂）がある。

●英文校閲●

ピーター・ロングコープ（Peter Longcope）

専修大学文学部准教授。博士（教育言語学、ペンシルバニア大学、2003 年）

●編集協力●

杉山まどか・長尾莉紗

一歩先の英文ライティング

● 2015 年 9 月 11 日 初版発行 ●

● 著者 ●

田邉祐司

Copyright © 2015 by Yuji Tanabe

発行者 ● 関戸雅男
発行所 ● 株式会社 研究社
〒102-8152 東京都千代田区富士見 2-11-3
電話 営業 03-3288-7777（代） 編集 03-3288-7711（代）
振替 00150-9-26710
http://www.kenkyusha.co.jp/

装丁 ● 久保和正
組版・レイアウト ● mute beat
印刷所 ● 研究社印刷株式会社

ISBN 978-4-327-45271-1　C1082　Printed in Japan

価格はカバーに表示してあります。
本書のコピー、スキャン、デジタル化等の無断複製は、著作権法上での例外を除き、禁じられています。
また、私的使用以外のいかなる電子的複製行為も一切認められていません。
落丁本、乱丁本はお取り替え致します。
ただし、古書店で購入したものについてはお取り替えできません。